CITY|TRIP
BASEL

Inhalt

Auf ins Vergnügen 7

Basel an einem Wochenende	8
Zur richtigen Zeit am richtigen Ort	11
Basel für Citybummler	16
Basel für Architektur- und Kunstfreunde	19
Basel für Kauflustige	25
Basel für Genießer	29
Basel am Abend	35
Das grüne Basel	40

Am Puls der Stadt 43

Das Antlitz der Metropole	44
Von den Anfängen bis zur Gegenwart	50
Leben in Basel	53

Basel entdecken 59

Grossbasel 60

❶	Basler Münster ★★★	60
❷	Museum der Kulturen ★	62
❸	Naturhistorisches Museum ★★	66
❹	Rheinsprung und Martinskirche ★	66
❺	Rathaus ★★	67
❻	Marktplatz und Freie Strasse ★	68
❼	Barfüsserplatz ★★	68
❽	Historisches Museum – Barfüsserkirche ★★★	69
❾	Stadt-Casino und Basler Puppenhausmuseum ★★★	70
❿	Steinenvorstadt und Steinenberg ★	70
⓫	Musikmuseum ★	71
⓬	Spalenvorstadt und Spalentor ★★	72
⓭	Botanischer Garten der Universität ★★★	72
⓮	In den Gassen der Altstadt ★★	73
⓯	Bahnhof SBB ★	74
⓰	Zoo Basel – Zolli ★★	75
⓱	Historisches Museum Basel – Haus zum Kirschgarten ★	76
⓲	Elisabethenkirche ★	76
⓳	Antikenmuseum Basel und Sammlung Ludwig ★★★	76
⓴	Kunstmuseum Basel ★★★	77
㉑	Cartoonmuseum ★	78
㉒	Museum für Gegenwartskunst ★	79
㉓	Basler Papiermuseum ★★★	79
㉔	St.-Jakob-Park – Joggeli ★★	80
㉕	Botanischer Garten in Brüglingen ★★★	82

Kleinbasel 83

㉖	Rheinbrücke und Greifengasse ★	83
㉗	Am Rheinbord ★★★	84
㉘	Museum Tinguely ★★★	84

Entdeckungen außerhalb 87

㉙	Fondation Beyeler ★★★	87
㉚	Rheinhafen Kleinhüningen ★	88
㉛	Augusta Raurica ★★	90
㉜	Saline Schweizerhalle ★	95
㉝	Vitra Design Museum ★★	97

Praktische Reisetipps 99

An- und Rückreise	100
Autofahren	101
Barrierefreies Reisen	102
Diplomatische Vertretungen	103
Ein- und Ausreisebestimmungen	103
Geldfragen	103
Informationsquellen	104
Internet und Internetcafés	107
Mit Kindern unterwegs	107
Medizinische Versorgung	108
Notfälle	109
Öffnungszeiten	109
Post	110
Radfahren	110
Schwule und Lesben	111
Sicherheit	111
Sport und Erholung	111
Stadttouren	112
Strom	112
Telefonieren	113
Unterkunft	114
Verkehrsmittel	117
Wetter und Reisezeit	118

Anhang 119

Register	124
Die Autoren	127
Landkarte Basel, Umgebung	128
Basel, Blattschnitt	130
Cityatlas Basel	132
Legende der Karteneinträge	140

Exkurse zwischendurch

Basel Tattoo –
    Militärmusik einmal anders 14
Der Basilisk –
    vom Ungeheuer zum Haustier . . . 20
Mistkratzerli, Chlöpfer
    und andere Basler Leckereien . . . 30
Smoker's Guide. 37
„Die Glocke hat 9 Uhr geschlagen ..." –
    historische Stadtrundgänge 42
Der Kanton Basel-Stadt 44
„Z'Basel an mim Rhi,
    jo dört möcht i si!". 46
Wir wollen „Unser Bier"! 57
„Die drei scheenschte Dääg" –
    die Basler Fasnacht. 63
Kunst und Cocktails 71
Der „FCB" – Basels zweite Liebe . . . 81
Spaziergang entlang der Riviera . . . 85
Verzell du das em Fährima! 86
Basel preiswert. 103
Unsere Literaturtipps. 106
Kleine Sprachhilfe Baseldeutsch . . 113

Bildnachweis

Die Kürzel an den Abbildungen stehen für folgende Fotografen, Firmen und Einrichtungen. Wir bedanken uns für die freundliche Abdruckgenehmigung.

bt	Basel Tourismus
bt-ag	Basel Tourismus, Andreas Gerth
bt-bh	Basel Tourismus, Blaine Harrington III
bt-cg	Basel Tourismus, Claude Giger
bt-ep	Basel Tourismus, Edition Phönix
bt-mb	Basel Tourismus, Messe Basel
bt-nb	Basel Tourismus, Niklaus Bürgin
bt-pc	Basel Tourismus, Pino Covino
bt-sb	Basel Tourismus, Stadtmarketing Basel
mb	Margit Brinke (Autorin)

Umschlag: Mirko Meier
            (www.fotolia.de)

Benutzungshinweise

Benutzungshinweise

Cityatlas und City-Faltplan

Die im Buch beschriebenen Örtlichkeiten wie Sehenswürdigkeiten, Restaurants, Hotels, Cafés usw. sind im Kartenmaterial mit Symbol und Nummer eingetragen.

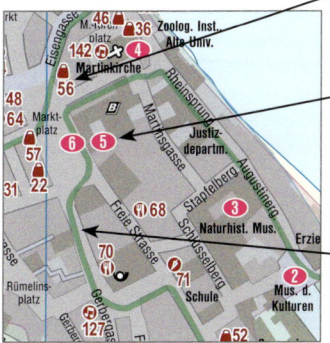

Bewertung der Sehenswürdigkeiten

★★★ auf keinen Fall verpassen
★★ besonders sehenswert
★ wichtige Sehenswürdigkeit für speziell interessierte Besucher

Orientierungssystem

Zur schnelleren Orientierung tragen alle Hauptsehenswürdigkeiten und Lokalitäten sowohl im Text als auch im Kartenmaterial die gleiche Nummer:

🛍56 Mit Symbol und fortlaufender Nummer werden die sonstigen Lokalitäten wie Cafés, Geschäfte, Hotels, Infostellen usw. gekennzeichnet.

❺ Mit einer fortlaufenden magentafarbenen Nummer sind die Hauptsehenswürdigkeiten gekennzeichnet. Steht die Nummer im Fließtext, verweist sie auf die Beschreibung dieser Sehenswürdigkeit im Kapitel „Basel entdecken".

❯ Die farbige Linie markiert den Verlauf des Stadtspaziergangs (s. S. 8).

[H8] In eckigen Klammern steht das Planquadrat im Kartenmaterial, in diesem Beispiel Planquadrat H8.

Ortsmarken ohne Angabe des Planquadrats liegen außerhalb des Kartenmaterials. Sie können aber wie alle Örtlichkeiten in unseren speziell aufbereiteten Luftbildkarten auf der Produktseite dieses Buches unter www.reise-know-how.de lokalisiert werden.

Impressum

Margit Brinke, Peter Kränzle

CityTrip Basel

erschienen im
REISE KNOW-HOW Verlag Peter Rump GmbH,
Osnabrücker Str. 79, 33649 Bielefeld

© Peter Rump 2008, 2009
**3., neu bearbeitete und komplett
aktualisierte Auflage 2012**
Alle Rechte vorbehalten.

ISBN 978-3-8317-2139-9
PRINTED IN GERMANY

Dieses Buch ist erhältlich in jeder Buchhandlung Deutschlands, der Schweiz, Österreichs, Belgiens und der Niederlande. Bitte informieren Sie Ihren Buchhändler über folgende Bezugsadressen:
Deutschland: Prolit GmbH, Postfach 9, D-35461 Fernwald (Annerod) sowie alle Barsortimente
Schweiz: AVA Verlagsauslieferung AG, Postfach 27, CH-8910 Affoltern
Österreich: Mohr Morawa Buchvertrieb GmbH, Sulzengasse 2, A-1230 Wien
Niederlande, Belgien: Willems Adventure, www.willemsadventure.nl

Wer im Buchhandel kein Glück hat, bekommt unsere Bücher auch über unseren Büchershop im Internet:
www.reise-know-how.de

Herausgeber: Klaus Werner
Lektorat: amundo media GmbH
Layout: Günter Pawlak (Umschlag), Anna Medvedev (Inhalt)
Karten: Ingenieurbüro B. Spachmüller, amundo media GmbH
Druck und Bindung:
Himmer AG, Augsburg
Fotos: siehe Bildnachweis S. 4
Anzeigenvertrieb: KV Kommunalverlag GmbH & Co. KG, Alte Landstraße 23, 85521 Ottobrunn, Tel. 089 928096-0, info@kommunal-verlag.de

Alle Informationen in diesem Buch sind von den Autoren mit größter Sorgfalt gesammelt und vom Lektorat des Verlages gewissenhaft bearbeitet und überprüft worden. Da inhaltliche und sachliche Fehler nicht ausgeschlossen werden können, erklärt der Verlag, dass alle Angaben im Sinne der Produkthaftung ohne Garantie erfolgen und dass Verlag wie Autoren keinerlei Verantwortung und Haftung für inhaltliche und sachliche Fehler übernehmen. Die Nennung von Firmen und ihren Produkten und ihre Reihenfolge sind als Beispiel ohne Wertung gegenüber anderen anzusehen. Qualitäts- und Quantitätsangaben sind rein subjektive Einschätzungen der Autoren und dienen keinesfalls der Bewerbung von Firmen oder Produkten. Wir freuen uns über Kritik, Kommentare und Verbesserungsvorschläge:
info@reise-know-how.de

Latest News
Unter **www.reise-know-how.de** werden regelmäßig aktuelle Ergänzungen und Änderungen der Autoren und Leser zum vorliegenden Buch bereitgestellt.
Sie sind auf der Produktseite dieses CityTrip-Titels abrufbar.

www.reise-know-how.de

- Ergänzungen nach Redaktionsschluss
- kostenlose Zusatzinfos und Downloads
- das komplette Verlagsprogramm
- aktuelle Erscheinungstermine
- Newsletter abonnieren

Verlagsshop mit Sonderangeboten

Auf ins Vergnügen

Basel an einem Wochenende

Basel ist anders: Ein fast unüberschaubares Kulturangebot, das trinationale Flair im Kreuzpunkt von Deutschland, der Schweiz und Frankreich, die geografische Lage an einer mächtigen Rheinschleife, die offenherzige Bevölkerung mit ihrem besonderen Dialekt, Fasnacht und die Fußballer des FC Basel. Aus dieser Fülle von Angeboten gilt es gezielt auszuwählen, um bei einem Kurzbesuch unvergessliche Eindrücke aus der „Weltstadt im Taschenformat" mitzunehmen.

Basel an einem Wochenende

Ideal wäre ein Baselaufenthalt von zwei bis drei Tagen. Man hat so genügend Zeit, sich zu orientieren, das eine oder andere Museum oder eine interessante Ausstellung zu besuchen, abends die Lokal- und Nightlifeszene zu erkunden, einen ausgiebigen Einkaufsbummel zu unternehmen oder das „Grüne Basel" kennenzulernen. Fußballfreunde dürfen sich ein Spiel des FC Basel nicht entgehen lassen, Frohnaturen sollten den Besuchstermin auf die Basler Fasnacht legen.

Im Folgenden skizzieren wir einen Vorschlag für einen dreitägigen Besuch, der bei Bedarf auch auf zwei Tage verkürzt werden kann – es gibt ja immer ein „nächstes Mal".

1. Tag: Unterwegs in der Altstadt

Basels Altstadt gilt als eine der besterhaltenen und schönsten Europas, doch auch das moderne Basel ist dank spektakulärer Bauten berühmter moderner Architekten sehenswert. Fünf offiziell ausgewiesene, farblich gekennzeichnete **Rundgänge durch die Altstadt** sind nach bedeutenden Persönlichkeiten der Stadt – Erasmus von Rotterdam, Jakob Burckhardt, Paracelsus, Thomas Platter und Hans Holbein d. J. – benannt und zeigen verschiedene Aspekte der Stadtgeschichte auf (s. S. 60).

Stadtspaziergang

Idealer Ausgangspunkt für einen Rundgang durch Basels Altstadt ist der zentral gelegene „Barfi", der **Barfüsserplatz**. Von hier spaziert man zunächst hinauf zum weithin sichtbaren Münster ❶. Es lohnt sich, bei schönem Wetter gleich den **Münsterturm** zu besteigen, da sich von hier aus ein grandioser Rundblick bietet. Anschließend geht es weiter über die Pfalz, die Terrasse vor dem Münster mit Blick auf den Rhein. Dann über den Münsterplatz in die Augustinergasse, vorbei am **Naturhistorischen Museum** ❸ und dem neu eröffneten **Museum der Kulturen** ❷, zum **Rheinsprung** ❹ und schließlich zum **Rathaus** ❺ mit dem zentralen **Marktplatz** ❻, wo der Wochenmarkt auf ei-

nen Imbiss mit *Klöpfern* (Wurst) oder zum Käsekauf einlädt.

Die **Talstadt** wird durchschnitten von der Haupteinkaufsmeile Basels, der **Freien Strasse**, wo sich Geschäft an Geschäft reiht. Wieder zurück am **Barfüsserplatz** ❼ bietet es sich an, dem sehenswerten **Historischen Museum** ❽ einen Besuch abzustatten. Um den „Barfi" kann man schön in **Lokalen oder Cafés** wie „Zum Braunen Mutz" (s. S. 32), „Kohlmanns" (s. S. 34), dem „Grand Café Huguenin" (s. S. 33) oder dem „Des Art's" (s. S. 36) sitzen und Leute beobachten. Wer es ruhiger mag, setzt sich in den schönen Garten des Restaurants an der Kunsthalle (s. S. 36).

Derart gestärkt geht es zunächst über Kohlenberg und Heuberg bis zur **Spalenvorstadt** ⓬ mit dem alten **Botanischen Garten der Universität** ⓭ als Highlight. Vom Garten gelangt man über den Petersgraben zur Rosshofgasse. Durch die engen Gassen der Altstadt mit romantischen Namen wie Nagelberg, Spalenberg und Münzgasse führt der Stadtspaziergang zurück zum **Marktplatz** ❻. Von hier ist es nur noch ein Katzsprung zum Rhein. Über die **Mittlere Rheinbrücke** erreicht man schließlich die Kleinbasler Seite und genießt dort mit zahlreichen Baslern die Nachmittagssonne am beliebten **Rheinbord** ㉗.

Abends

Jetzt ist es Zeit für ein leckeres Mahl in einer der typischen **Basler Beizen** wie dem Gifthüttli (s. S. 30), dem Löwenzorn (s. S. 31) oder der Fischerstube (s. S. 30). Nach einem kurzen Bummel am Rhein auf Kleinbasler Seite, wo sich an lauen Sommerabenden die ganze Stadt zu treffen scheint, ist es Zeit für ei-

> **Routenverlauf im Stadtplan**
> Der hier beschriebene Spaziergang ist mit einer farbigen Linie im Stadtplan eingezeichnet.

nen Schlummertrunk. Neben den **Bars oder Kneipen in Kleinbasel** wie der Kaserne (s. S. 37) oder dem Hirscheneck (s. S. 37) lohnen auch das Unternehmen Mitte (s. S. 38) im Stadtzentrum oder das eo ipso (s. S. 34) im Vorort Gundeldingen nahe dem Bahnhof SBB. Jazzfreunde sollten den Bird's Eye Jazz Club (s. S. 36) nicht verpassen.

2. Tag: Kunst, Erholung und etwas Fußball

Basel ist *die* Kunst- und Architekturstadt der Schweiz mit **knapp 30 Museen**. Es gilt auszuwählen: eher moderne Kunst (Kunsthalle s. S. 23 oder Kunstmuseum ⓴) oder doch lieber Antikes (Antikenmuseum ⓳)? Für Familien bieten sich vor allem Museen wie das Puppenhausmuseum ❾, das Papiermuseum ㉓ oder das Museum Tinguely ㉘ an, Spezialisten werden am Cartoonmuseum ㉑ Gefallen finden.

Nach einer Mittagspause böte sich am Nachmittag etwas **Erholung im Grünen** an. Neben den zwei botanischen Gärten ist der sogenannte „Zolli" ⓰ ein idealer Ort oder das Birsköpfli (s. S. 40) direkt am Rhein. Selbst wenn kein Fußballspiel ansteht, sollte man dem Joggeli ㉔, dem Basler Fußballstadion, einen Besuch abstatten – zumal es hier ein

◀ *Rundgänge durch die Altstadt sind nach Persönlichkeiten benannt*

Auf ins Vergnügen
Basel an einem Wochenende

großes Einkaufszentrum (und Lokale) gibt. In direkter Nachbarschaft liegen der große Botanische Garten ㉕ und das beliebte Gartenbad St. Jakob.

Wie wäre es an einem lauen Abend mit einer **Bootsfahrt auf dem Rhein** (siehe „Verkehrsmittel")? Oder lieber eine Erkundungstour durch das **Basler Nachtleben** (siehe „Basel am Abend")? Auf dem Messeturm mit grandiosem Ausblick auf die nächtliche Stadt (Bar Rouge s. S. 35) oder bei einem kühlen Bier im Lokal der Brauerei „Unser Bier" (s. S. 57) könnte man den Besuch in Basel gebührend ausklingen lassen.

3. Tag: Lohnende Ausflüge in die Umgebung

Nachdem man an den ersten beiden Tagen die Stadt Basel erkundet hat, kann am dritten Tag ein lohnender Ausflug in Basels Umgebung den Kurzurlaub abrunden. So ist der Besuch der etwa 10 km östlich der Stadt gelegenen Römerstadt **Augusta Raurica** ㉛ ein echtes Highlight, insbesondere auch für Kinder. Im größten archäologischen Park der Schweiz kann man für Stunden in die Zeit der alten Römer eintauchen.

Ein Muss für Kunstfreunde ist ein Besuch der **Fondation Beyeler** ㉙ im Vorort Riehen (per Tram erreichbar) mit einer bedeutenden Sammlung moderner Kunst. Der **Basler Rheinhafen** ㉚ sowie das Dreiländereck in Kleinhüningen sind ebenfalls leicht erreichbar und einen Besuch wert. Nicht allein wegen des regen Treibens am Hafen, auch die Ausstellung „Verkehrsdrehscheibe Schweiz" ist interessant.

Bereits in Deutschland, im grenznahen Weil am Rhein, befindet sich schließlich das **Vitra Design Museum** ㉝, eines der weltweit führenden Museen für industrielles Möbeldesign und Architektur in einem Gebäudekomplex von Frank O. Gehry.

▲ *Fast alle Basler nutzen den Rhein für ein erfrischendes Badevergnügen*

▶ *Die „drei scheenschte Dääg" im Festkalender: Fasnacht.*

Zur richtigen Zeit am richtigen Ort

Januar, Februar, März

> Ende Januar feiern die Kleinbasler an der Mittleren Rheinbrücke [H7] ihr größtes Fest: **Vogel Gryff**. Diese basiliskenartige Figur gilt als Wappentier der Kleinbasler Fasnachtsgesellschaft "zum Greifen". Löwe und Wilder Mann sind die Wappenfiguren der beiden anderen Gesellschaften "zum Rebhaus" und "zur Hären". Diese pflegen seit 1838 den auf militärische Musterung zurückgehenden Brauch, je nach Vorsitz am 13. (Löwen), 20. (Wilder Mann) oder 27. Januar (Vogel Gryff) gegen 11 Uhr das Fest mit der Fahrt des Wilden Mannes auf einem Floß und Böllerschüssen zu eröffnen. Der „Wilde Maa" wird unterhalb der Mittleren Rheinbrücke von Vogel Gryff und „Leu" empfangen, danach zieht man durch die Straßen Kleinbasels und nimmt das „Gryffemähli" zu sich. Infos: www.vogel-gryff.ch.

> Im Februar finden „die drei scheenschte Dääg" im Basler Festkalender statt. In der Woche nach dem Aschermittwoch feiert die Stadt nämlich ihre legendäre **Basler Fasnacht**. Bereits im Vorfeld, ab Mitte Januar, finden Pfeifen- und Trommelwettbewerbe sowie das *Monstre* oder *Drummeli* statt (siehe Exkurs „Die drei scheenschte Dääg – die Basler Fasnacht", s. S. 63).

> Im März hält eine Woche lang die **Baselworld**, die öffentlich zugängliche Weltmesse für Uhren und Schmuck, das Fachpublikum in Atem. Da alljährlich mehr als 100.000 Besucher anreisen, sind viele Hotels ausgebucht, sodass diese Zeit für einen Baseltrip eher ungeeignet ist (www.baselworld.com).

April, Mai, Juni

> Im April bieten anlässlich der **Muba**, der größten Schweizer Erlebnis- und Einkaufsmesse im Messezentrum Basel, über 1000 Aussteller an zehn Tagen Waren aus den unterschiedlichsten Bereichen – Bau, Kommunikation, Wohnen, Kunsthandwerk, Mode, Gesundheit, Sport – an (www.muba.ch).

Auf ins Vergnügen
Zur richtigen Zeit am richtigen Ort

sezentrum finden sich über 300 Galeristen ein. Mehr als 2000 Kunstwerke des 20. und 21. Jh. verschiedenster Genres und Medien werden ausgestellt bzw. zum Verkauf angeboten (www.artbasel.com). Die Art Basel Miami zeigt die internationale Bedeutung dieser Veranstaltung (im Dezember in Miami Beach, Florida).

Juli, August, September

› Fast den ganzen Juli über finden mehr als 30 **Konzerte der nationalen und internationalen Musikszene**, von Rock und Pop bis Jazz und Klassik, schwerpunktmäßig in Lörrach, aber auch im Wenkenpark Riehen und im Theater Augusta Raurica statt (www.stimmen.com).

› Neben Fasnacht hat sich das Mitte Juli eine Woche lang stattfindende **Basel Tattoo** zu einem der Hauptevents der Stadt entwickelt (s. S. 14). Während des international besetzten Tattoo Festivals im Kasernenhof treten an die 20 Formationen, Gruppierungen und Bands mit rund 1000 Musikern auf. Ähnlich dem militärischen Zeremoniell des Zapfenstreichs wird hier mit Dudelsackklängen, Blasmusik und folkloristischem Tanz eine große Open-Air-Show initiiert. Neben berühmten Militärkapellen und Zivilbands wie das legendäre Basler Top Secret Drum Corps – sie haben das Event ins Leben gerufen – treten auch Marching Bands, Tanzensembles u. a. auf. Es gibt zwar über 100.000 Karten, doch die sind schnell vergriffen! Infos und Tickets: Tattoo Büro, Schnei-

› Fünf Tage lang bestimmt Ende März/Anfang April das **Blues Festival** mit Auftritten internationaler Künstler im in der Music Galery Bar in Pratteln (s. S. 37) und im Volkshaus Basel (Rebgasse 12) das Musikgeschehen der Stadt. Infos: www.blues-festival-basel.ch.

› Dem Blues folgt Ende April/Anfang Mai für zwei Wochen das internationale **Jazzfestival Basel**. Konzerte finden im Stadtcasino, Schauspielhaus, Theater Basel und auf anderen Bühnen statt (www.jazzfestivalbasel.ch).

› An einem Samstag Ende Juni/Anfang Juli treten beim **Summerblues Basel/Glaibasler Bluesfescht** in Kleinbasel auf 6 Bühnen rund 15 Bands gratis auf (www.summerblues.ch).

› Zu den international bedeutenden Kunstmessen gehört die Mitte Juni fünf Tage lang dauernde **Art Basel**. Im Mes-

◂ *Aufmarsch der Legionärstruppen beim Römerfest in Augst*

dergasse 27, Mo.–Fr. 10–18.30, Sa. 10–17 Uhr, Tel. 061 2661000, www.baseltattoo.ch.
› Von Ende Juli bis Mitte August heißt es: **Im Fluss.** Gemeint ist das Kulturfloß, das auf dem Rhein beim Kleinbasler Brückenkopf der Mittleren Brücke festmacht und auf dem Open-Air-Konzerte Schweizer Künstler, aber auch internationaler Folk, Jazz und Blues zu hören ist (Mo–Sa. 21 Uhr, gratis, www.imfluss.ch).
› Das Rheinschwimmen ist an heißen Sommertagen eine Basler Lieblingserfrischung. Mitte August findet das offizielle **Basler Rheinschwimmen** von oberhalb der Wettsteinbrücke [I8] (Kleinbasel) bis zur Johanniterbrücke [G6] statt. Dieses Volksschwimmen im Rhein, an dem an die 5000 Menschen teilnehmen, findet unter der Ägide der SLRG seit 1980 statt. Infos: www.rheinschwimmen.ch.
› An einem Tag Mitte August steht an über 30 Spielorten in der Altstadt, im Freien und an anderen Lokalitäten, der Jazz im Mittelpunkt, nach dem Motto: **Em Bebbi sy Jazz** (www.em-bebbi-sy-jazz.ch).
› Am letzten Augustwochenende findet auf dem Gelände von Augusta Raurica das größte **Römerfest** der Schweiz statt (Infos unter www.roemerfest.ch und www.augusta-raurica.ch).

Oktober, November, Dezember

› Ende Oktober steht im Rahmen des **Shift Festivals** ein verlängertes Wochenende im Zeichen der elektronischen Künste. Am Dreispitz [J12–15] in Basel sowie im Schaulager in Münchenstein (s. S. 24) gibt es Livekonzerte, Ausstellungen, Video-Screenings, Vorträge, Künstlergespräche, Projekte, Partys und Kinderprogramm (www.shiftfestival.ch)
› Ende Oktober/Anfang November treffen sich bei der **Davidoff Swiss Indoors ATP World Tour 500** die besten Tennisspieler der Welt. Das internationale Turnier in der St. Jakobshalle lockt in der Heimatstadt des Weltranglistenzweiten Roger Federer rund 70.000 Fans an (www.davidoffswissindoors.ch).
› Ebenfalls Ende Oktober bis Anfang November findet zusammen mit der **Basler Herbstwarenmesse** der älteste und größte Jahrmarkt der Schweiz statt. Kaiser Friedrich III. hatte 1471 zwei große Handelsmessen ins Leben gerufen, eine im Frühjahr und eine im Herbst, nur die letztere existiert noch. Um 12 Uhr am letzten Samstag im Oktober beginnt der Rummel auf acht Plätzen in der Innenstadt Basels sowie die Herbstwarenmesse in einer Messehalle. Fahrge-

Feiertage

Vonseiten des Bundes ist nur der 1. August als offizieller Feiertag für das gesamte Land festgelegt, alle anderen Feiertage sind Kantonssache. In der gesamten Schweiz als Feiertage anerkannt sind jedoch Neujahr, Auffahrt (Christi Himmelfahrt) und der erste Weihnachtsfeiertag. An folgenden Tagen sind in Basel die Geschäfte geschlossen:
› Neujahr (1. Januar)
› Fasnachtsmontag und -mittwoch (nachmittags)
› Karfreitag
› Ostermontag
› 1. Mai (Tag der Arbeit)
› Auffahrt (Christi Himmelfahrt)
› Pfingstmontag
› 1. August (Bundesfeiertag): Am Bundesfeiertag findet in Basel am Rhein ein Volksfest mit Feuerwerk und Buden statt. Basel-Stadt beginnt die Feiern zum Nationalfeiertag bereits am Vorabend, dem 31. Juli.
› 1. und 2. Weihnachtstag (25. und 26. Dezember)

Auf ins Vergnügen
Zur richtigen Zeit am richtigen Ort

schäfte, reiche kulinarische Vielfalt und ein bunter Markt auf dem Petersplatz [G8] gehören dazu (www.herbstwarenmesse.ch).

› Zehn Konzerte von hoher Qualität mit Weltstars und Newcomern verschiedenster Musiksparten bietet in der zweiten Oktober- und ersten Novemberhälfte **AVO Session Basel**, ein internationales Musikfestival mit Starbesetzung (Jazz, Rock, R&B, Pop, Soul, Blues) in der Messe Basel (www.avo.ch).

› Basler Weihnacht und **Weihnachtsmarkt**, mit „Weihnachtsstraße" vom Aeschenplatz über Freie Strasse, Mittlere Brücke, Messeplatz und Weihnachtsmarkt bis Barfüsser- und Theaterplatz (www.baslerweihnacht.ch).

› Am 31. Dezember wird ab 23.30 Uhr während der **Silvesterfeier** auf dem Münsterplatz mit dem Stadtposaunenchor das neue Jahr begrüßt.

▼ *Das Basel Tattoo: Höhepunkt auf dem Veranstaltungskalender*

Basel Tattoo – Militärmusik einmal anders

Es gibt nur wenige Dinge, die einen Basler aus dem Häuschen bringen: Fußball, Fasnacht und das Basel Tattoo. Wenn am Ende der gut zweistündigen Show alle Beteiligten – um die Tausend Bläser und Dudelsackspieler, Tänzer und Sänger – zum großen Finale im Kasernenhof einmarschieren, hält es keinen Basler mehr auf dem Sitz. Beim Klassiker „Highland Cathedral" gibt es feuchte Augen, bei der verfremdeten Schnulze „Die Kleine Kneipe" schunkeln die 8000 Zuschauer mit und wenn die Nationalhymne vielstimmig über die Altstadt tönt, verstummt jedes Gespräch. Sobald zum Abschluss die Lichter ausgehen und sich die Blicke auf den Lone Piper auf dem linken Turm über dem Kasernenhof richten, scheint sogar der nebenan vorbeifließende Rhein ehrfürchtig innezuhalten.

Angesichts des Ansturms auf die Tickets – sie sind stets lange im Voraus ausverkauft – und der herrschenden einwöchigen Volksfeststimmung um das Kleinbasler Kasernenareal könnte man das Basel Tattoo für eine alteingesessene Basler Tradition halten. Doch weit gefehlt: Ermutigt vom Erfolg beim legendären Royal Edinburgh Military Tattoo in Schottland initiierte das weltberühmte Basler „Top Secret Drum Corps" erstmals im Sommer 2006 ein Openair-Tattoo. Seither findet es immer im Juli im Hof der Kaserne in Kleinbasel statt. Dazu werden auf drei Seiten Tribünen errichtet, der Kasernenbau dient als Bühnenkulisse. Umher gibt es eine Budenstadt mit Imbissständen entlang der „Tattoo Street".

Auf ins Vergnügen
Basel Tattoo – Militärmusik einmal anders

Eine Woche lang finden täglich Tattoo-Shows statt, meist zwei, insgesamt fünf Nachmittags- und acht Abendshows. Letztere sind wegen ihrer Licht- und Feuerwerkeffekte besonders spektakulär. Am letzten Samstag gibt es eine große Parade durch die Stadt mit etwa 2000 Mitwirkenden vor über 130.000 begeisterten Zuschauern am Weg.

Während der Aufführungen, die sich besonders durch ihre aufwendigen Choreografien auszeichnen, sind die Zuschauertribünen stets bis auf den letzten Platz gefüllt - 2011 wurden 104.000 Tickets verkauft! Die meisten Karten sind schon wenige Tage nach Start des Vorverkaufs im Dezember des Vorjahres vergriffen. Mit Glück bekommt man im April Rückläufer oder Tickets für die zwei öffentlichen Proben vor der Eröffnung. Seit 2009 gibt es eine kleine Alternative: In Freiburg veranstaltet Basel Tattoo mit einem Großteil der beteiligten Kapellen und Formationen am Montag des Basler Tattoos eine Parade und ein Parkkonzert (11.30-13 Uhr, im Stadtgarten, Eintritt frei).

„Doe den tap toe!" - „Mach den Hahn zu!" - mit diesem Befehl wurde im 17. Jh. beim niederländischen Militär der Zapfhahn geschlossen und damit die Nachtruhe befohlen. Die Anordnung wurde meist von einem Trommler oder Pfeiffer begleitet. Während sich im deutschsprachigen Raum dafür das Wort „Zapfenstreich" einbürgerte, wurde aus der holländischen Wendung im Englischen das Wort „Tattoo". Im Laufe der Zeit kam aber eine zweite Bedeutung hinzu: die Darbietung von Militärmusik mit Dudelsack- und Trommlerformationen und Repräsentationsorchestern.

Das seit 1950 alljährlich im August stattfindende Royal Edinburgh Military Tattoo ist mit mehr als 200.000 Zuschauern das größte Tattoo weltweit. Anders als der „Große Zapfenstreich" der Bundeswehr, der auf traditionelle Weise, steif und zeremoniell, veranstaltet wird, sind die großen Tattoos in aller Welt - neben Edinburgh gehören dazu das Norwegian Military Tattoo, das Royal Nova Scotia International Tattoo und das Quebec City Military Tattoo (beide in Kanada) oder das Virginia International Tattoo (USA) - zu flotten Musikspektakeln geworden, bei denen der militärische Aspekt nurmehr am Rande eine Rolle spielt.

Inzwischen hat sich das Basel Tattoo mit seinen etwa 1000 Teilnehmern in rund 20 Kapellen, Tanz-, Folklore- und Dudelsackformationen aus aller Welt - darunter z. B. Her Majesty's Militärbands aus Großbritannien, ein königlich schwedisches und eine australisches Militärorchester, die Swiss Army Central Band, ein deutsches Heeresmusikkorps und die beliebten „Massed Pipes & Drums", der Zusammenschluss internationaler Dudelsackspieler und Trommler - nicht nur als zweitwichtigstes Event etabliert, es setzt auch musikalisch und choreografisch neue Akzente. Längst treten nicht nur Militärkapellen auf, sondern auch Folklore- und Tanzgruppen, längst spielen die Choreografie und eine Mischung aus Klassik, Film-, Marsch- und Rockmusik eine große Rolle, um auch ein jüngeres Publikum anzulocken und das etwas angestaubte Image von „Marschmusik" abzustreifen.

> ***Infos und Karten:*** *Basel Tattoo Shop, Schneidergasse 27, www.baseltattoo.ch, Tel. 061 2661000, ab 2. Dez., schnell ausverkauft)*

Basel für Citybummler

Basels Altstadt rings um das Münster präsentiert sich in hervorragendem Zustand, doch auch das das alte Herz umgebende „moderne Basel" ist dank spektakulärer Bauten berühmter Architekturbüros wie Mario Botta, Herzog & de Meuron oder Renzo Piano nicht ohne. Ein Bummel durch die kompakte Innenstadt ist aber nicht nur wegen der Architektur und der Geschichte fesselnd – Museen, Lokale und Geschäfte sorgen zudem für Abwechslung.

Basels **alter Stadtkern** erstreckt sich zwischen Münster, Rhein, Spalentor, Nagelberg und dem „Barfi", dem Barfüsserplatz. Der Münsterhügel fungierte einst als kirchliches Zentrum, der Nadelberg gegenüber war hingegen Sitz des Adels und des wohlhabenden Bürgertums. Dazwischen breitet sich die Talstadt aus, in der Handwerker und Kaufleute lebten.

Die Altstadt wird vom **Basler Münster** ❶ überragt. Der kleine Platz hinter dem Kreuzgang des Münsters bildet eine Terrasse hoch über dem Rhein – ein idealer Platz, um die Aussicht zu genießen. Der der Kirche vorgelagerte große Münsterplatz diente einst als Markt-, Prozess- und Turnierplatz, heute ist er vor allem ein beliebter Treff und Veranstaltungsort (Open-Air-Kino, Konzerte etc.).

Über die an der Westecke des Platzes beginnende Augustinergasse mit ihren beiden Museen (Museum der Kulturen ❷ und Naturhistorisches Museum ❸) und vorbei an der Martinskirche erreicht man den **Marktplatz** ❻ und das **Rathaus** ❺. Letzteres stellt mit seiner prächtigen, bemalten, roten Sandsteinfassade den Blickpunkt im Zentrum der Altstadt dar. Am Marktplatz starten die zentralen **Haupteinkaufsstraßen**, die Freie Strasse, die Gerbergasse und die Falknerstraße.

Sie führen zum nächsten wichtigen Platz in der Altstadt, dem **Barfüsserplatz** ❼, in Basel nur „Barfi" genannt. Erst Marktplatz, dann Schweinemarkt und heute Jugendtreff, locken hier etliche Cafés und Lokale zum Verweilen. Den Platz überragt die Barfüsserkirche aus dem 14. Jh., die jedoch nicht mehr als Kirche, sondern als sehenswertes Historisches Museum ❽ fungiert. In unmittelbarer Nachbarschaft steht das Stadtcasino, gemeint ist die Stadthalle, deren Umbau bzw. Neugestaltung bereits viele Diskussionen hervorrief. Im Inneren befindet sich die zentrale Infostelle (s. S. 105) der Stadt mit Shop, gegenüber das Basler Puppenhausmuseum ❾.

Vom Barfi führt einmal die **Steinenvorstadt**, die große Fußgängerzone mit Cafés, Läden und Kinos Richtung

Auf ins Vergnügen
Basel für Citybummler

Bahnhof SBB, zum anderen der **Steinenberg** zur Kunsthalle (s. S. 23) und dem Architekturmuseum (s. S. 24) mit Café, Bar und Restaurant. Auf dem benachbart liegenden Theaterplatz steht der beliebte Fasnachtsbrunnen von Jean Tinguely und eine Installation von Richard Serra.

Der Kohlenberg führt auf der Westseite des Barfi hinauf auf den **Leonhardsberg** mit der überragenden Leonhardskirche [H9]. Die im Umkreis liegenden Gassen – Heuberg, Unterer Heuberg oder Gemsberg – tauchen mitten in die malerische Altstadt Basels ein. Vorbei an zahlreichen Brunnen, ein Charakteristikum der Stadt, Fachwerkhäusern, Läden und Lokalen geht es in die **Spalenvorstadt** mit einem der drei erhaltenen Stadttore, dem Spalentor ⓬. In nächster Nähe liegt der alte Botanische Garten der Universität ⓭, 1589 gegründet und eine beliebte Ruheoase mitten im umtriebigen Universitätsviertel. Durch den Garten erreicht man den Petersplatz [G8] mit dem alten Kollegienhaus der Uni. Von hier führen weitere schmale Gassen wie der Nadelberg oder die Schneidergasse wieder hinunter Richtung Rathaus und Marktplatz.

Im Osten der Altstadt, am Rheinufer, steht in der **St.-Alban-Vorstadt** ein weiteres historisches Stadttor, das St.-Alban-Tor, die „Bärenhaut". Die schmalen Gassen und malerischen Kanäle verleihen diesem Viertel einen anderen Charakter. Im 11. Jahrhundert entstand hier ein

◀ *Das Rote Rathaus* ⓹, *architektonisches Highlight der Altstadt*

▼ *Blick auf Kleinbasel mit dem Messeturm im Hintergrund*

Basel für Citybummler

Kloster und die Mönche hatten das Flüsschen Birs in mehrere Kanäle umgelenkt, um Mühlen betreiben zu können. Mitte des 15. Jahrhunderts siedelten sich Basler Papierhersteller an und daran erinnert das sehenswerte Basler Papiermuseum ㉓ in einer der alten Mühlen (mit empfehlenswertem Restaurant). Am nahen Rheinufer erstreckt sich die malerische und ruhige **Promenade**, die gerade am Abend schön ist, wenn man in einem der Biergärten im Schatten der Bäume oder auf einem Bänkchen am Rheinufer mit Blick auf Kleinbasel am rechten Ufer den Tag geruhsam ausklingen lässt.

Wer den Bummel durch Basel ausweiten möchte, kann über die Mittlere Rheinbrücke [H7], alternativ mithilfe der historischen, von einem Drahtseil gezogenen Fähren hinüber nach **Kleinbasel** setzen. Besonders lohnenswert ist hier ein Spaziergang entlang dem Rheinufer ostwärts zum Solitude Park () mit dem von Mario Botta erbauten Museum Tinguely ㉘. Dieses widmet sich dem Leben und Werk des bedeutenden Schweizer Künstlers Jean Tinguely (1925–1991). Im Umkreis der Mittleren Rheinbrücke breitet sich auf Kleinbasler Seite das sogenannte **Rheinbord** ㉗ aus: Hier trifft man sich, hier wird gefeiert und sonnengebadet, hier grillt man oder genießt nach einem Tag im Büro den Sonnenuntergang.

Hinter Kloster Klingenthal, das an das alte Kleinbasel erinnert, spielt sich im Umkreis der Rheingasse bis hin zum alten Kasernenareal das **Basler Nachtleben** ab. Die zentrale Achse Kleinbasels, als Fußgängerzone verkehrsberuhigt, ist die Greifengasse ㉖, die via Claraplatz und Clarastraße zur Messe Basel und dem Badischen Bahnhof führt.

Etwas außerhalb der Innenstadt – aber wie fast alles leicht mit dem „Drämmli" (der Straßenbahn) erreichbar – liegt das „Joggeli", der **St.-Jakob-Park** ㉔, das neue und sehenswerte Fußballstadion mit großem Einkaufszentrum. Das südliche Umfeld des Stadions gilt als die „grüne Wiese" und Eventlokalität der Stadt: Hier befindet sich die St. Jakobshalle und die St.-Jakob-Arena mit dem Musikpark A 2. Im benachbarten Sport- und Gartenbad St. Jakob tummeln sich an heißen Sommertagen die Basler und Pferdefreunde zieht es zur Rennbahn Schänzli. Eine große Ruheoase mitten in der Stadt und ein Muss für Gartenfreunde ist dagegen der nahegelegene Botanische Garten in Brüglingen ㉕.

Ein besonderes Erlebnis ist eine Stadtrundfahrt mit der nostalgischen Tram „Dante Schuggi" freitagabends 19 Uhr ab Messeplatz [J7]. Preiswerter, wenn auch ohne Essen oder Tourguide, erlauben jedoch die Tramlinien 15 und 16 sowie der Bus Nr. 36 **Rundfahrten durch die Stadt** (s. S. 112).

▶ *Bankgebäude von Mario Botta – Beispiel für das moderne Basel*

▶ *„Hammering Man" am Aeschenplatz*

Basel für Architektur- und Kunstfreunde

Basel kennt man in erster Linie als Chemiestadt, wegen seines Fußballklubs und der Fasnacht, aber Basel ist auch eine Kulturmetropole. Neben rund 30 Museen ist es die Architektur, die Basel so ungewöhnlich macht. Basel ist in architektonischer Hinsicht eine Stadt der Gegensätze: Hier die Altstadt mit engen Gassen und alten, liebevoll renovierten (Fachwerk-)Häusern, dort das moderne Basel, dem Architekten wie Herzog & de Meuron, Morger & Degelo oder Diener & Diener ihre Stempel aufgedrückt haben.

Architektur

Besonders die **moderne Architektur ab 1990** ist beeindruckend. Das BIZ (1995) von Mario Botta, von dem auch das UBS Bankgebäude (1995) am Aeschenplatz und das Museum Tinguely ❷❽ (1996) stammen, ist ebenso sehenswert wie Renzo Pianos Fondation Beyeler ❷❾ (1997) oder Frank Gehrys ungewöhnliches Vitra Design Museum ❸❸ in Weil am Rhein (1989). Gehry ist auch einer von mehreren hochklassigen Architekten, die am neu entstehenden **Novartis Campus** auf dem Werksareal St. Johann (www.novartis.ch/about-novartis/campus/campus-tours.shtml) beteiligt sind.

Der **Messeturm Basel** [J6] gilt mit 105 m als zweithöchstes bewohntes Bauwerk der Schweiz nach dem Prime Tower in Zürich. Zusammen mit dem „Hammering Man" von J. Borofsky (1989), die bewegliche Silhouette eines Arbeiters mit Hammer, den viele von der Messe Frankfurt kennen werden, setzt er unübersehbare Akzente.

> **Tipp für Architekturfreunde**
> Im Basler Tourismusbüro (s. S. 105) ist eine eigene Broschüre „Architektur in Basel" gratis erhältlich. Außerdem werden zu bestimmten Terminen im Rahmen der „Monatsführungen" für CHF 15 Architekturführungen angeboten.

...ergnügen
...ür Architektur- und Kunstfreunde

Der Basilisk – vom Ungeheuer zum Haustier

Auf Basler Brunnen ist er zu finden, als Wandbild oder als Statue: der Basilisk. Dieses Fabelwesen folgt dem Besucher in Basels Gassen auf Schritt und Tritt. Schon im Altertum war das Ungeheuer bekannt und damals erzählte man sich, dass es allein mit Blicken töten könne. Im Laufe der Generationen änderte der Basilisk seine Gestalt und bis zum Mittelalter war der menschlichen Fantasie ein Mischwesen in Gestalt eines Hahns mit Drachenflügeln, Adlerschnabel und Eidechsenschwanz sowie einer kleinen Krone auf dem Haupt entsprungen.

Längst hat der Basilisk seinen Schrecken verloren und ist zu einer Art Maskottchen und Wappentier von Basel geworden. Es soll allein rund 30 Brunnen mit Basilisken geben, schöne Beispiele sind jener an der Ecke Augustinergasse/Stapfelberg [H8] oder der Dreizackbrunnen beim Münsterberg. Aber auch an Häusern findet man das Basler „Haustier", auf Reliefs oder plastisch am Grossbasler Brückenkopf der Wettsteinbrücke [I8].

◀ *Der Basilisk verfolgt einen in Basel auf Schritt und Tritt*

Die einheimischen „Stadionbau-Spezialisten" Herzog & de Meuron planten nicht nur die Allianz-Arena in München oder das Olympiastadion in Beijing, sondern auch das **Fußballstadion St.-Jakob-Park** ㉔ (2001), außerdem das Stellwerk II (1999) hinter der Münchensteinerbrücke.

Doch Basel hat weitere „architektonische Spezialitäten" zu bieten, so z. B. die **Stadttore**, Relikte der alten Stadtmauer, die erst 1859 geschleift wurde. Erhalten sind von den ursprünglich sieben immerhin noch drei: das Spalen- ⑫, das St.-Johanns- [F6] und das St.-Alban-Tor [K9]. Sie stehen immer samstags nach den Sommerferien (ab Mitte August) zur Besichtigung offen. Durch die Tore der äußeren Stadtmauer liefen Handel und Verkehr, sie waren von der Dämmerung bis zum Tagesanbruch verschlossen, es gab eine Wache und einen Torschreiber.

„Wer Basels Brunnen zählen wollte, müsste gleich auch seine Häuser zählen", meinte während des Basler Konzils 1431 bis 1447 einer der Besucher, Aeneas Silvius Piccolomini. In der Tat ist Basel eine **Brunnenstadt** mit über 170 Exemplaren, aus denen bestes Trinkwasser sprudelt. Die bedeutendsten Brunnen sind der Fischmarktbrunnen [G8], um

Auf ins Vergnügen
Basel für Architektur- und Kunstfreunde

1390 entstanden und mit Maria, Johannes und Petrus, die in Richtung Rhein, Marktplatz und Spiegelhof grüßen, ausgestattet. Wenig später (1448) war der Urbanbrunnen (1873 erneuert und heute eine Kopie) am Blumenrain [G7] entstanden. 1839 baute man den Spalenbergbrunnen, einen Nischenbrunnen, dessen dreiteiliges Fresko mit Szenen aus dem Leben Johannes des Täufers später hinzugefügt wurden. Der **Fasnachtsbrunnen** am Theaterplatz [H9] wurde zwar erst 1977 vom weltberühmten Schweizer Künstler Jean Tinguely errichtet, hat sich aber längst zum Lieblingsbrunnen der Basler gemausert.

Dank des 1919 ins Leben gerufenen „**Kunstkredits**" für Ankäufe von Kunst im öffentlichen Raum ist Basel heute außerdem gespickt mit sehenswerten **Skulpturen**. Die wichtigsten sind:

› **Hammering Man,** Aeschenplatz [I10] (1989, Jonathan Borofsky)
› **Giardino all'Italiana,** Brunngässlein/Dufourstr. [I9] (1992, Luciano Fabro)
› **Lieu dit,** Heuwaage (1976, Michael Grosser)
› **Lagerstätte,** Mittlere Rheinbrücke [H7], Kleinbasler Seite (1992, Ludwig Stocker)
› **Helvetia,** auf der Mittleren Rheinbrücke [H7], Kleinbasler Brückenkopf (1980, Bettina Eichin)
› **Intersection,** Theaterplatz [H9] (1992, Richard Serra)
› **Homme aux bras écartés,** Picassoplatz [I9] hinter dem Kunstmuseum (1961 nach Vorlagen Picassos, 1980 vom Enkel der Stadt geschenkt)
› **Fingerabdruck** (Wandbild), Brandmauer Clarastr. 36/38 [I7] (1982, Jean-Pierre Zangge), weitere Graffiti/Wandbilder sind verstreut in der Stadt zu finden.

Schließlich ist Basel auch eine **Literaturstadt,** nicht nur weil im Jahr 2000 das erste Literaturhaus der Schweiz (www.literaturhaus-basel.ch) eröffnete und 2003 die Buchmesse „BuchBasel" (www.buchbasel.ch) ins Leben gerufen wurde. Große Literaten aus Basel bzw. in Basel lebend waren Albertus Magnus, Erasmus von Rotterdam, Johann Peter Hebel und Friedrich Nietzsche. Heute bereichern Autoren wie Rolf Hochhuth, Martin R. Dean, Dieter Forte, Ingeborg Kaiser, Friederike Kretzen, Hans Saner, Heinrich Wiesner und Urs Widmer das literarische Leben der Stadt.

EXTRATIPP

BaselCard

Die BaselCard gewährt freien Eintritt in einige, meist kleinere Museen, in die Römerstadt Augusta Raurica ㉛ sowie den Zoo ⓰ und schließt eine Stadttour und eine Fährfahrt ein. Dazu gibt es Rabatte bei Mietwagen, Wellnessangeboten und in Restaurants. Sie gilt für einen, zwei oder drei Tage und kostet CHF 20/27/35. Man kann diese Karte auch mit der Nutzung des öffentlichen Nahverkehrs kombinieren (dann CHF 25 für 24 Std.), sofern man kein Mobility Ticket (für Gratisnutzung des Nahverkehrs s. S. 118) bekommen hat. Erhältlich ist die BaselCard bei Basel Tourismus (s. S. 105), im Bahnhof SBB [H10] und am EuroAirport Basel sowie in einigen Hotels und Museen.

› www.basel.com („Basel Info", „Tourist Services")

Der Oberrheinische Museumspass deckt das gesamte Umland ab und kostet derzeit CHF 46 (1 Erwachsener, 1 Kind unter 18 J.) für 2 Tage (www.museumspass.com).

Auf ins Vergnügen
Basel für Architektur- und Kunstfreunde

Museen und Galerien

Museen

Basel hat seine Bedeutung als Kulturstadt in erster Linie **engagierten und vermögenden Privatleuten** zu verdanken. Bereits 1661 wurde die Kunstsammlung des Gelehrten Basilius Amerbach von der Stadt erworben, sie bildete die Grundlage für die erste bürgerliche, d. h. öffentliche Kunstsammlung der Welt, das Kunstmuseum Basel ⓴. 1919 wurde der „Staatliche Kunstkredit" ins Leben gerufen, es folgten dank Paul Sacher ein Musikarchiv und -Forschungszentrum, später Privateinrichtungen wie das Museum Tinguely, die Fondation Beyeler oder die Christoph Merian Stiftung. Basel hat als *die* Kunst- und Architekturstadt der Schweiz über 30 Museen und 50 Galerien zu bieten, zudem findet jeden Juni die weltweit beachtete **Kunstmesse „Art Basel"** statt.

› **Infos im Internet:** www.museenbasel.ch

- ⓳ [I9] **Antikenmuseum Basel und Sammlung Ludwig**, St.-Alban-Graben 5, www.antikenmuseumbasel.ch, Tel. 061 2712202, Di.-So. 10-17 Uhr, CHF 10 (Sonderausstellungen extra). Das einzige Museum in der Schweiz, das sich ausschließlich antiker Kunst und Kultur des Mittelmeerraums widmet
- 🏛1 [H7] **Ausstellungsraum Klingental**, Kasernenstr. 23 (Kleinbasel), Tel. 061 6816698, www.ausstellungsraum.ch, Di.-Fr. 15-18 Uhr, Sa. u. So. 11-17 Uhr, Eintritt frei. Regionale Kunstausstellungen in der 1293 geweihten Klosterkirche Klingental, die 1981 von Herzog & de Meuron umgebaut wurde.
- ㉓ [K9] **Basler Papiermühle**, St.-Alban-Tal 37, Tel. 061 225 9090, www.papiermuseum.ch, Di.-Fr. u. So. 11-17, Sa. 13-17 Uhr, CHF 14. Sehenswertes Museum in alter Papiermühle mit vielen interaktiven Ausstellungsstücken.
- ㉑ [I9] **Cartoonmuseum Basel**, St.-Alban-Vorstadt 28, Tel. 061 2263360, www.cartoonmuseum.ch, Di.-Sa. 14-17 Uhr, So. 11-17 Uhr, CHF 9. Karikaturen, Cartoons und Comics in thematisch oder monografisch ausgerichteten Wechselausstellungen in spätgotischem Altstadthaus, das von Herzog & de Meuron erweitert wurde.
- ㉙ **Fondation Beyeler**, Baselstr. 101, Tel. 061 6459700, Riehen (Tram 6), www.beyeler.com, tgl. 10-18 und Mi. 10-20 Uhr, CHF 25. Kunst des 20. Jh. aus der beachtlichen Sammlung von Hildy und Ernst Beyeler. Mit Restaurant Berower Park (10-18 Uhr) und Art Shop.
- ⓼ [H9] **Historisches Museum Basel – Barfüsserkirche**, Barfüsserplatz, Tel. 061 2058600, www.hmb.ch, Di.-So. 10-17 Uhr, CHF 12, Kombiticket inkl. Haus am Kirschgarten und Musikmuseum CHF 18, erster So. im Monat frei. Mit kleinem Café und Shop. Lohnende historische Ausstellung in ungewöhnlichem Ambiente.
- ⓱ [H9] **Historisches Museum Basel – Haus zum Kirschgarten**, Elisabethenstr. 27-29, www.hmb.ch, Di./Mi./Fr. 10-18, Do. 10-19, Sa. 13-17, So. 10-17 Uhr, CHF 7, 1. So. im Monat frei, Kombiticket CHF 18. 1775-1780 als Wohn- und Geschäftshaus eines Basler Seidenbandfabrikanten erbaut, entdeckt man hier Basler Wohnkultur des 18. und 19. Jh., Porzellan, Uhren, Spielzeug.

▶ *Im Museum für Gegenwartskunst finden vor allem interessante Wechselausstellungen statt*

Auf ins Vergnügen
Basel für Architektur- und Kunstfreunde

- ⓫ [H9] **Historisches Museum Basel – Musikmuseum,** Im Lohnhof 9, Tel. 061 2649160, www.hmb.ch, Mi.–Sa. 14–18 Uhr, So. 11–17 Uhr, CHF 7 bzw. Kombiticket CHF 18. Größte Musikinstrumentensammlung der Schweiz mit drei thematischen Schwerpunkten: „Musik in Basel", „Konzert, Choral und Tanz", „Parade, Feier und Signale".
- 🏛2 [H9] **Kunsthalle Basel,** Steinenberg 7, www.kunsthallebasel.ch, Tel. 061 2069900, Di., Mi., Fr. 11–18 Uhr, Do. 11–20.30 Uhr, Sa. u. So. 11–17 Uhr (1. So im Monat frei), CHF 10 (inkl. S AM), 1. So. im Monat frei, Di.–Fr. ab 17 Uhr Happy Hour mit Gratiseintritt. Moderne Kunstausstellungen im gleichen Bau wie das Architekturmuseum.
- ⓴ [I9] **Kunstmuseum Basel,** St.-Alban-Graben 16, Tel. 061 2066262, www.kunstmuseumbasel.ch, Di.–So. 10–17 Uhr, CHF 15, mit Museum für Gegenwartskunst CHF 25. Kunst oberrheinischer Künstler von 1400–1600 sowie Kunst des 19. und 20. Jh., dazu die weltweit größte Sammlung von Arbeiten der Holbein-Familie und Wechselausstellungen.
- ㉒ [J9] **Kunstmuseum Basel – Museum für Gegenwartskunst,** St.-Alban-Rheinweg 60, Tel. 061 2728183, www.kunstmuseumbasel.ch, Di.–So. 11–18 Uhr, Preis ausstellungsabhängig. Ableger des Kunstmuseums

Basel mit Wechselausstellungen (CHF 12 oder Kombitcket CHF 25).

- ❷ [H8] **Museum der Kulturen Basel,** Münsterplatz 20, Tel. 061 2665600, www.mkb.ch, Di.–So. 10–17 Uhr, CHF 16, 1. So. im Monat und Di.–Sa. 16–17 Uhr CHF 5.
- 🏛3 [H7] **Museum Kleines Klingental,** Unterer Rheinweg 26, Tel. 061 2676625, www.mkk.ch, Mi. u. Sa. 14–17 Uhr, So. 10–17 Uhr, Eintritt frei. In den Räumen des ehemaligen Nonnenklosters Klingental kann man mittelalterliche Originalskulpturen des Basler Münsters, ein Stadtmodell (17. Jh.) und Klostergeschichte entdecken.
- ㉘ [L8] **Museum Tinguely,** Paul-Sacher-Anlage 2, Tel. 061 6819320, www.tinguely.ch, Di.–So. 11–18 Uhr, CHF 15. Schöne Sammlung von meist beweglichen Werken des berühmten Schweizer Künstlers. Mit Restaurant Chez Jeannot und Wechselausstellungen.

> **EXTRATIPP**
>
> **Hier kann jeder Kurator sein**
>
> 🏛4 [G8] **Hoosesaggmuseum,** Imbergässlein 31, www.hoosesaggmuseum.ch. Die Familie Vergeat bietet in einem Schaukasten in der Haustüre Platz für Wechselausstellungen. Jeder kann seine Privatsammlung (sofern die Stücke nicht zu groß sind) hier präsentieren.

Basel für Architektur- und Kunstfreunde

❸ [H8] **Naturhistorisches Museum Basel**, Augustinergasse 2, Tel. 061 2665500, www.nmb.bs.ch, Di.–So. 10–17 Uhr, CHF 7. Dinosaurier, Mineralien, Flora und Fauna – ideal für die ganze Familie.

❾ [H9] **Puppenhausmuseum**, Steinenvorstadt 1, Tel. 061 2259595, www.puppenhausmuseum.ch, Mo.–So. 10–18 Uhr, CHF 7. Riesige und einzigartige Sammlung von Teddys, Puppen, Puppenhäusern und anderem Spielzeug, mit Shop und Café.

㉛ **Römerstadt Augusta Raurica**, Giebenacherstr. 17, Augst, Tel. 061 8162222, www.augusta-raurica.ch, Mo. 13–17 Uhr, Di.–So. 10–17 Uhr (Außenanlagen, Römischer Tierpark und Schutzhäuser tgl. 10–17 Uhr), CHF 7, ca. 10 km östlich von Basel, Zug bis Kaiseraugst oder Bus 70 ab Basel-Aeschenplatz. Größter archäologischer Park der Schweiz. Teilweise ausgegrabene antike römische Stadt, nachgebautes Römerhaus, römischer Haustierpark und größter Silberschatz der Spätantike.

🅼5 [L15] **Schaulager**, Ruchfeldstr. 19, Münchenstein, Tel. 061 3353232, www.schaulager.org. Alternativer Raum für Kunst sowie Archiv für Sammlung der Emanuel-Hoffmann-Stiftung. Nur zu Ausstellungen geöffnet, außerdem spezielle Veranstaltungen.

🅼6 [H9] **Schweizerisches Architekturmuseum (S AM)**, Steinenberg 7, Tel. 061 2611413, www.sam-basel.org, Di./Mi./Fr. 11–18 Uhr, Do. 11–20.30 Uhr, Sa./So. 11–17 Uhr, CHF 10 (inkl. Kunsthalle). Teils ausgefallene Wechselausstellungen.

🅼7 [F7] **Skulpturhalle Basel**, Mittlere Str. 17, www.skulpturhalle.ch, Tel. 061 2615245, Di.–Fr. 10–17 Uhr, Sa.–So. 11–17 Uhr, CHF 10. Riesige Sammlung von Abgüssen antiker Plastik. Weltweit einmalig ist die vollständige Zusammenführung der gesamten Bauplastik des Athener Parthenons.

Kunstgalerien

Vor allem in der St.-Alban-Vorstadt sind außer dem Museum für Gegenwartskunst ㉒ zahlreiche Galerien und Antiquitätenläden, Vorstadttheater sowie das kleine, aber feine Cartoonmuseum ㉑ zu finden. Der Künstler Thomas Baumgertel hat als Symbol für gute Galerien (und inzwischen auch empfehlenswerte Shops) eine **Banane** kreiert, die an die Hauswand gemalt eine Art Qualitätssiegel (ohne Garantie) darstellt.

🄶8 [H9] **Galerie Beyeler**, Bäumleingasse 9, www.galeriebeyeler.com. Kunst der klassischen Moderne, ergänzend zur Privatsammlung in Riehen (s. o.).

🄶9 [G8] **Galerie Carzaniga Basel**, Gemsberg 8/10, www.carzaniga.ch. In gotischem Ambiente stellen v. a. die Gruppen „Rot-Blau" und „Gruppe 33" zeitgenössische Kunst aus.

🄶10 [F6] **Galerie Tony Wuethrich**, Vogesenstr. 29, www.tony-wuethrich.com, Mi.–Fr. 14–18 Uhr, Sa. 11–16 Uhr. Kunst des 20. Jh., v. a. zeitgenössische Malerei und Skulptur (vier bis fünf Ausstellungen pro Jahr).

🄶11 [L14] **Haus für elektronische Künste**, Oslostr. 10, Basel-Münchenstein, www.haus-ek.org. Zentrum für zeitgenössische Kunst, die elektronische Medien verwendet. Veranstalter des Festivals „Shift" (s. S. 13).

🄶12 [I9] **Margie L.**, St.-Alban-Vorstadt 22. Kleiner Laden mit Jugendstil- und Art-déco-Objekten.

🄶13 [G8] **PEP & No Name**, Unterer Heuberg 2, www.pepnoname.ch, Mo.–Fr. 12–19, Sa. 11–16 Uhr. Kunstbuchhandlung und Fotogalerie.

🄶14 [G8] **Stampa**, Spalenberg 2, www.stampa-galerie.ch, Di.–Fr. 11–18.30 Uhr, Sa. 10–17 Uhr. Eine der innovativsten Schweizer Galerien, multimedial, zugleich größte Schweizer Kunstbuchhandlung.

Basel für Kauflustige

Basels Haupteinkaufszone erstreckt sich um den Altstadtkern zwischen Marktplatz und Barfi (Barfüsserplatz) sowie in Kleinbasel entlang der Greifengasse bis zum Claraplatz. Teilweise als Fußgängerzone ausgewiesen sind die vom Marktplatz ausgehenden Freie Strasse, Gerbergasse, Falknerstraße, die Gassen rund um den Spalenberg, Schneidergasse, Heuberg sowie die Aeschen-, Spalen- und Steinenvorstadt, außerdem St.-Alban- und St.-Johanns-Vorstadt. Die Bezeichnung „Vorstadt" steht in Basel übrigens oft für den Straßennamen und bezeichnet die zentrale Achse eines Viertels. Besonders das Spalenberg-Quartier mit der Schnabelgasse hat gehäuft ausgefallene Boutiquen und Läden zu bieten. Achtung: Die meisten kleineren Läden in Basel sind montags, zumindest vormittags, geschlossen und im Juli werden gern Betriebsferien gemacht.

Süßes

Zu den Besonderheiten Basels gehören die **Confiserien,** zu denen oft ein Café gehört. Hier findet man süße Mitbringsel wie Pralinen und Schokoladen oder auch „Kopien" der legendären Basler *Läckerli,* einer Art Honiglebkuchengebäck, für das das Läckerli Huus (s. u.) bekannt ist. Die *Sunnereedli* (Sonnenräder) sind ein 1925 von einem Basler Bäcker erfundenes Buttergebäck mit Kümmel und Salz. Eine Delikatesse und zugleich eine Erinnerung an Kindertage sind die Schaum-Schokoküsse der Firma Richterling (Laufen), die, auffällig in Goldpapier verpackt, u. a. in der Lebensmittelabteilung des Kaufhauses Manor erhältlich sind.

▶ **15** [G8] **Bäckerei Kühner-Gyger,** Spalenberg 54. Nette „normale" Bäckerei mit Kaffeeausschank.

▶ **16** [I7] **Bäckerei Schneider,** Clarastr. 23 (Kleinbasel). Hier gibt es noch die eingangs erwähnten *Sunnereedli* (Sonnenräder).

▶ **17** [G8] **Bio Andreas,** Andreasplatz 14. Gesunde Getreideprodukte, darunter Brot aus dem Holzofen sowie salzige und süße Snacks, nebenan kleines Café.

▶ **18** [H9] **Confiserie Bachmann,** Gerbergasse 51/Blumenrain 1. Tolle Pralinen, Trüffel und Schokoladen, bekannt für *Schoggi- Weggli* und Champagnertrüffel.

▶ **19 Confiserie Beschle,** Aeschenvorstadt 56 (Café) [I9], Holbeinstr. 49 (Confiserie)

▶ *Eine der Spezialitäten Basels sind die Läckerli*

Basel für Kauflustige

[F10] und weitere Filialen. Pralinen und Trüffel, aber auch Backwaren und Torten wie die berühmte „St.-Honoré-Torte".

🛍 **20 Confiserie Brändli**, Barfüsserplatz 20 [H9] und Freie Str. 109 [H9]. Sehr guter Nougat, Tafelschokoladen und Fruchtgelees. Spezialität: Schokomandeln und Kirschen mit Schokoüberzug.

🛍 **21 [G8] Confiserie Bücheli**, Auf der Lyss 16. Eine Spezialität sind die sogenannten *Baslerstäbli* (Basler Wappen aus Schokolade mit Haselnussfüllung), Römersäulen (Trüffelfüllung) oder *Spalentörtli,* aber auch der Haselnusskuchen, das Orangenknuspergebäck und die Linzertorte sind verführerisch.

🛍 **22 [G8] Confiserie Schiesser**, Marktplatz 19. Seit 1870 existierender Familienbetrieb gegenüber dem Rathaus mit Café im 1. Stock. Bekannt für die süßen Spezialitäten „Kirschstängeli", „Basler Rolle" und „Gold Apfel" sowie für die Pralinés.

🛍 **24 [G8] Konditorei Gilgen**, Spalenberg 6. Kleine Confiserie, die neben feinen Kuchen auch Schokolade und Mini-Laugengebäck verkauft.

🛍 **25 Läckerli Huus**, Gerbergasse 57 [H9], Greifengasse 2 [H7] (Kleinbasel), im SBB Bahnhof und im Stücki Shopping Center. Dieser Laden ist weit über die Stadgrenzen hinaus für seine oft imitierten, aber nie erreichten *Basler Läckerli* berühmt.

🛍 **26 [G8] Sweet Basel**, Schnabelgasse 4. Winziges Lädchen, in dem es seit 1921 die schönsten handgemachten Bonbons der Stadt sowie leckeres Nougat gibt.

Mode

Designerboutiquen, Mode- und Schuhgeschäfte, aber auch Juweliere finden sich konzentriert in der Aeschenvorstadt [H/I9], auf der Freien Straße [H9], in der Gerbergasse [H8] und um den Marktplatz ❻. Doch Basel ist vor allem bekannt für **kreative lokale Designer** (s. u.). Große Modehäuser sind Fein-Kaller (Herrenmode, Gerbergasse 48), Feldpausch (Falknerstr. 19), Pfauen (Freie Str. 75), Vögele (Clarastraße 12) und Schild (Freie Str. 35). Auch das Kaufhaus Manor (Greifengasse 22) führt Mode und der Herren-Globus (Freie Str. 50) genießt einen guten Ruf. Kost Sport (Freie Str. 5) ist das größte Sportgeschäft in Basel. Hier einige spezielle Tipps:

🛍 **27 [H9] Geox**, Streitgasse 5. Besondere Schuhe mit patentierter Membran gegen Fußschweiß – keine „Gesundheitstreter", sondern trendige Modelle

🛍 **28 [H8] Hot Lemon**, Gerbergässlein 22. Ausgeflipptes und Trendiges, Einzelstücke, Designermode und Schuhe.

🛍 **29 [H7] Kiosk 18**, Kasernenstr. 34 (Kleinbasel). Ungewöhnliche und doch tragbare Kleidung und dazu praktische und ausgefallene Accessoires wie Taschen

▲ *Paradies für Shopper, die Ungewöhnliches suchen: Basels Altstadt*

Auf ins Vergnügen
Basel für Kauflustige

der Designerin Tanja Klein. Zum Laden gehören ein Friseur und eine Lesestube.

30 [G8] **Kleinbasel**, Schneidergasse 24. Kleiner Modeladen mit außergewöhnlichen Stücken, eher gehobene Preise.

31 [G8] **Naked**, Hutgasse 21, außer Mo. ab 10.30 Uhr. Boutique mit außergewöhnlicher, erschwinglicher Mode.

32 [H8] **Navyboot Shop**, Freie Str. 44. Kultige Schuhe und andere Lederwaren.

33 [H6] **Riviera**, Feldbergstr 43, Do./Fr. 13–18.30, Sa. 12–18 Uhr. Junge Designer können hier billig einen Shop mieten und Mode, Kunst und anderes Design in Kleinstserien anbieten.

34 [F8] **Silvia Freivogel**, Missionsstr. 15, www.silvia-freivogel.ch. Designer-Secondhand zu günstigen Preisen.

35 [G8] **Theresa Stöcklin**, Nadelberg 18. Kleiner Laden der gleichnamigen kreativen Hutmacherin mit ausgefallenen, wenn auch nicht billigen Modellen.

Bücher und Musik, Antiquitäten und Kunst

Antiquitäten und Kunst sind besonders am Aeschengraben [H/I10], in der Aeschen- [H/I9] und St.-Alban-Vorstadt [J9] zu finden. Auch in den großen Museen (wie dem Kunstmuseum) gibt es häufig Läden mit einer guten Auswahl an ausgefallenem Schnickschnack und Kunsthandwerk sowie Literatur.

Eine Besonderheit Basels sind sogenannte „Brockenstuben", in denen Gebrauchtwaren aller Art verkauft werden, beispielsweise die Brockenbude Glubos (Rappoltshof 12), Brockenstube Gundeli (Jurastr. 5) oder Bücher-Brocky (Güterstr. 137). Weitere Tipps:

Shoppingareale
Die wichtigsten Shoppingbereiche der Stadt sind im Kartenmaterial mit einer rötlichen Fläche markiert.

36 [H8] **Abraxas Basel**, Rheinsprung 6. Kleiner „Schreib-Laden" mit Tuschen, Federn, Siegellacken u. Ä.

37 [H9] **Bider & Tanner**, Aeschenvorstadt 2, www.biderundtanner.ch. Bestsortierte Buchhandlung der Stadt, große Kinderbuch- und Reiseführerabteilungen, Musikgeschäft sowie „Ticketcorner".

38 [H9] **Comix Shop** und Galerie, Theaterpassage 7, www.comix-shop.ch. Große Auswahl an deutschen, französischen und englischen Comics sowie Cartoons, Mangas und DVDs.

39 [G8] **Libelle mit H&B**, Schnabelgasse 6, www.antiquariat-libelle.ch. Buchantiquariat, das außerdem Plakate und Bilder anbietet.

40 [H9] **Musik Hug**, Freie Str. 70. Große Auswahl an CDs, auch Vorverkauf von Konzertkarten.

▶ *Im Scriptorium gibt es exklusive Schreib- und Kalligrafie-Utensilien*

Basel für Kauflustige

- 🔒 **41** [H9] **Olymp & Hades**, Gerbergasse 67. Schöne Literatur in angenehmem Ambiente.
- ❯ **PEP & No Name** (s. S. 24) , Unterer Heuberg 2, www.pepnoname.ch. Buchhandlung mit Schwerpunkt Fotografie und Kunst sowie ausgewählte Literatur, außerdem kleine Fotogalerie (Wechselausstellungen).
- 🔒 **42** [H8] **Scriptorium**, Rheinsprung 2. Kleiner Laden mit exklusiven Schreib- und Kalligrafie-Utensilien, daneben Atelier des letzten Basler Kalligrafen.
- 🔒 **43** [I8] **Swiss Drum**, Rheingasse 47 (Kleinbasel), www.swissdrum.ch, nur nachmittags geöffnet. Trommelbau und -verkauf, speziell zur Fasnacht oder zum Basler Tattoo stark frequentiert.
- 🔒 **44** [F8] **Zwischenzeit**, Spalenvorstadt 33, www.zwischenzeit.ch. Kunstbücher, interessante Buchraritäten und Antiquitäten.

Souvenirs und Geschenke

Prima geeignet als Mitbringsel sind außer Süßigkeiten zum Beispiel der Bergkäse oder andere lokale (essbare) Produkte, die auf dem Wochenmarkt (s. u.) verkauft werden.

- 🔒 **45** [H9] **Chrüterhüsli**, Gerbergasse 69, www.chrueterhuesli.ch. Kräuterladen und Internetshop mit großer Auswahl an Tees, Gewürzen, Kräutern, Räucherwaren, Kosmetika, Essenzen und Ölen auf engstem Raum.
- 🔒 **46** [H8] **Condomeria**, Rheinsprung 4, www.condomeria.ch. Der ganz spezielle Kondomladen!
- 🔒 **47** [G8] **Gschänggli Butygg zem Baselstab**, Schnabelgasse 8. Ausgefallene Souvenirs aus der Stadt und sonstige Geschenkartikel.
- 🔒 **48** [G8] **Heimatwerk**, Schneidergasse 2. Ungewöhnliches, geschmackvolles Kunsthandwerk aus der Schweiz.
- 🔒 **49** [F8] **Kalebasse**, Missionsstr. 21. Zum Bildungszentrum 21 (Mission und Hotel, s. S. 115) gehörender „Weltladen" mit Kunsthandwerk, Kaffee und Lebensmitteln aus aller Welt.
- 🔒 **50** [G8] **Messerschmiede**, Spalenberg 33. Messer aller Art, teils handgefertigt.
- 🔒 **51** [H9] **Needful Things**, Kohlenberg 4. Schnickschnack zu günstigen Preisen.
- 🔒 **52** [H8] **Papyrus**, Freie Str. 43. Mehrgeschossiges, sehr gut sortiertes Schreibwarengeschäft.
- 🔒 **53** [G8] **Seven Sisters**, Spalenberg 38, www.sevensisters.ch. Designartikel und -accessoires, Keith-Haring-Sammelstücke und Kurioses aus aller Welt.
- ❯ In der **Stadtinformation** (Basel Tourismus, s. S. 105) gibt es ebenfalls Souvenirs und Bücher.

Lebensmittel und Märkte

In die Discounterkategorie fällt die Kette Denner, während COOP qualitativ eine Stufe höher steht und mit COOP pronto über erlesene Feinkostabteilungen verfügt. Migros und die Manor-Supermärkte gehören ebenfalls zur besseren Supermarktkategorie und v. a. Migros betreibt gut sortierte Feinkostabteilungen und Restaurants, z. B. im Drachencenter, Aeschenvorstadt 24.

- 🔒 **54** [G8] **falstaff im Kultur- und Gasthaus Teufelhof**, Leonhardsgraben 47. Delikatessen und Wein.

> **EXTRATIPP**
>
> **Ausruhen beim Kaffee**
>
> Gut geeignet zum Ausruhen, um einen Kaffee zu trinken und um etwas Leckeres zu essen, aber auch um Zeitung zu lesen und Leute zu beobachten, sind die **Confiserien**, die meist zugleich als Cafés fungieren, z. B. die Confiserie Bachmann (s. S. 25) oder die gegenüber dem Rathaus gelegene Confiserie Schiesser (s. S. 26).

- 🏠55 [G8] **Glausi's Käse und Feinkost**, Spalenberg 12. Super-Käsesortiment u. a. Delikatessen.
- 🏠56 [H8] **Globus**, Marktplatz 2. Das wohl eleganteste Kaufhaus der Stadt mit Qualitätsartikeln und hervorragender Delikatessenabteilung.
- 🏠57 [G8] **Metzgerei Kuhn**, Sattelgasse 1. Großes Angebot an verschiedenen Schweizer Wurst-, Fleisch- und Schinkenspezialitäten.
- › **Flohmärkte** gibt es auf dem Petersplatz [G8], im Innenhof der Kaserne s. S. 37 (Sa. 7.30–16 Uhr), auf dem NT-Areal im Kleinbasel, Riehenring 190 (So. 10–17 Uhr) und auf dem Barfüsserplatz jeden 2. und 4. Mittwoch im Monat 7–20 Uhr.
- › **Neuwaren- und Kunsthandwerksmarkt**, Barfüsserplatz jeden Do. 7–21 Uhr.
- › **Stadtmarkt**, Mo./Mi./Fr. 6–19 Uhr, Di./Do./Sa. 6–13.30 Uhr bzw. 2./4. Sa. 6–18 Uhr auf dem Marktplatz. Obst, Gemüse, Pflanzen, Blumen, Brot, Käse und lokale Spezialitäten von Produzenten aus dem Umland, auch der eine oder andere Imbissstand. Zum Wochenende ist das Angebot größer.
- › **Samstagsmarkt** auf dem Matthäusplatz, Kleinbasel, Sa. 8–13 Uhr, regionale Lebensmittel und Kunsthandwerk.

Shoppingcenter

- 🏠58 [H8] **Coop City Warenhaus Pfauen**, Freie Str. 75. Kaufhaus (Bekleidung u. a.) mit einer empfehlenswerten Lebensmittelabteilung.
- 🏠59 [K12] **M-Parc Dreispitz**, Münchensteinerstr. 200
- 🏠60 [N12] **St.-Jakob-Park**, St.-Jakob-Str. 397 (im Fußballstadion). Über 30 Läden, darunter auch eine Filiale des Kaufhauses Manor.
- 🏠61 [I3] **Stücki Shopping Basel**, Hochbergerstr. 70, Basel-Nord, www.stuecki-shopping.ch. 120 Shops und Restaurants.

Basel für Genießer

Essen und Trinken

Hungrig muss Basel niemand verlassen, denn der Kanton gilt als eine der Gourmetdestinationen der Schweiz. Über 700 Restaurants aller Kategorien – von Cafés und Buvetten über traditionelle Basler Beizn bis hin zu Sternelokalen, von schweizerischer über internationale bis zu asiatischer oder italienischer Küche, von Biergärten bis hin zu Freiluftcafés – sind in Basel vertreten.

Bioprodukte sind verbreitet und auf Speisekarten wird die Herkunft der angebotenen Waren genannt. Viele Restaurants bieten **günstige Mittagsgerichte** („Tagesteller" oder „Business Lunch") an, wohingegen es abends meist teurer wird. Sonntags (und manchmal auch montags) sind viele Restaurants geschlossen und oft wird zwischen 14 und 18 Uhr nichts Warmes serviert. Weitere Infos zum Thema findet man im Internet auf folgenden Websites:
- › www.baslerkueche.ch
- › www.baizer.ch
- › www.basel-restaurants.ch

Die **lokale Basler Küche** ist – kaum verwunderlich angesichts der Lage im Dreiländereck – eine Symbiose aus elsässischer, badischer und Schweizer Kochkunst mit klassisch-französischem Einschlag. Doch auch Einflüsse aus fremden Ländern, v. a. Asiatisches und Italienisches, fehlen nicht. Aus Süddeutschland stammen Gerichte wie *Spätzli* oder Kirschpfannkuchen und sogar die bei der Basler Fasnacht nicht wegzudenkende Mehlsuppe und Zwiebelwähe sind auf Einflüsse des deutschen Nachbarn zurückzuführen.

Mistkratzerli, Chlöpfer und andere Basler Leckereien

Eine Eigenart der Basler Küche ist die Beharrlichkeit: Hat sich einmal ein Rezept oder Gericht durchgesetzt, hält man daran fest. Schmankerl wie die um 1870 von der aus dem Elsass zugewanderten Schlumbergers erstmals hergestellte Schlumbergerli (mit Mehl bestäubtes Brötchen), der Hypokras (eine Art Glühwein) oder die Fastenwähe (Kümmelgebäck in Brezenform, zwischen Neujahr und Ostern verkauft) sind aus der Basler Küche nicht mehr wegzudenken.

Weitere typische und traditionelle Basler Gerichte sind Lummelbraten (Rinderfilet), Salm Basler Art (Lachs), Basler Geschnetzeltes oder Suuri Läberli (saure Leber), ebenso Basler Rösti oder Chääsfondue (Käsefondue). Mistkratzerli (Brathuhn) ist zwar keine reine Basler Spezialität, doch allseits beliebt. Chlöpfer (Klöpfer) heißt in Basel die rote Bratwurst, die im Rest der Schweiz Cervelat genannt wird, und die Sunnereedli wurden 1925 von dem einheimischen Bäcker Emil Mathias Schneider erfunden.

Auch für Süßes hat der Basler ein besonderes Faible. Das fängt schon am Morgen an: Ohne sein Gipfeli (Croissant), gern bestrichen mit Buttenmost (Hagebuttenmark), beginnt kein Tag. Im Sommer ist Eis beliebt und überall in der Stadt und am Rheinufer sind kleine Stände mit „italienischem Glace" zu finden. Zu Weihnachten gibt es die Brunsli, ein Mandel-/Schokogebäck, und anlässlich der Herbstmesse leckt man an der Mässmogge (farbige Zuckerstange).

Tipps zum Selberkochen:
- *minu: „Basler Küche", Opinio Verlag Basel 2004 (u. a. bei Amazon)*
- *www.baslerkueche.ch (mit Rezepten)*

Empfehlenswerte Lokale

Schweizer Küche und Basler Beizn

Mittagsteller oder sogar -menüs gibt es in diesen Lokalen meist schon ab etwa CHF 20, die Preise für ein Hauptgericht liegen – sofern unten nicht gesondert darauf hingewiesen wurde – weitgehend einheitlich bei durchschnittlich CHF 30–40.

62 [H7] **Balade** – Restaurant Bar Vinothek, Klingental 8, Tel. 061 683 2333, außer Mo., mit Spezialitätenladen. Im gleichnamigen Hotel, mit interessanter Speisekarte sortiert nach „Land", „Wasser", „Garten". Mittagsmenüs ab CHF 17,50, abends Portionen „vor/klein/groß" erhältlich. Frische Zutaten und kreative, leichte Zubereitung.

63 [H7] **Brauerei Fischerstube**, Rheingasse 45, Tel. 061 6926635. 1974 von Hans Jakob Nidecker gegründete Hausbrauerei, deren Ueli-Biere (Dunkel, Lager, Weizen, Bock u. a.) allseits beliebt sind. Auf der Speisekarte stehen ungewöhnliche, teils mit Bier zubereitete Gerichte wie Biersuppe oder Ueli-Bierwurst, auch Brauereitouren.

64 [G8] **Gifthüttli**, Schneidergasse 11, Tel. 061 2611656, außer So. ganztags warme Küche. Hinter dem Marktplatz gelegenes uriges Lokal mit feinerem Restaurant im ersten Stock. Während der Fasnacht Cliquen-Treff. Gutbürgerlich-schweizerische Küche mit Spezialität Cordon bleu.

65 [G8] **Hasenburg**, Schneidergasse 20, Tel. 061 2613258, tgl. außer So. Auch

Auf ins Vergnügen
Basel für Genießer

hinter dem Marktplatz und gleichermaßen ein Fasnachts-Treff. Urig-gemütliche Kneipe (günstiger) unten und etwas feineres Restaurant im 1. Stock.

🍴66 [G8] **Löwenzorn**, Gemsberg 2/4, Tel. 061 2614213, tgl. geöffnet. In der Basler Altstadt gelegene urige Basler Wirtschaft und Fasnachtshochburg mit Zunftsälen aus dem 16. Jh. Schweizer Küche, im Sommer auch im Garten (mit Holzkohlengrill). Bekannt für Geschnetzeltes, Fischgerichte und Brotzeiten, Sonntags Brunch; dazu gute Auswahl an Schweizer Weinen und 50 % Rabatt aufs Hauptgericht mit BaselCard!

🍴67 [H7] **Restaurant Brauerzunft**, Rheingasse 15, Tel. 061 6812699, Mo. Ruhetag, sonst bis 1 Uhr, an Wochenenden bis 4 Uhr geöffnet. Das Traditionslokal bietet gute, günstige Brotzeiten, es gibt Kaffee/Tee und Kuchen am Nachmittag.

🍴68 [H8] **Restaurant Schlüsselzunft**, Freie Str. 25, Tel. 061 2612046. Zunftstube, Bar und Bistro im „Haus zum Schlüssel" aus dem Jahr 1306. Relativ teuer, aber alteingesessen, kreativ und edel. Günstige Tagesangebote gibt es aber im Bistro!

🍴69 [G8] **Restaurant zum Schnabel**, Trillengässlein 2 (Ecke Schnabelgasse), Tel. 061 2612121, So. geschlossen, ebenso Mo. im Sommer. Das Schnabel gehört zu den traditionsreichsten und ältesten Restaurants der Stadt mit Spezialitäten wie Rösti oder verschiedene Leber*(Läberli)*-Gerichte.

🍴70 [H8] **Safran Zunft**, Gerbergasse 11, Tel. 061 2699494, tgl. außer So. In dem 1902 eröffneten Lokal ist die mittelalterliche *Zunft zu Safran* zu Hause. Auf der Speisekarte mit vorwiegend Schweizer Gerichten ragt das *Fondue Bacchus* heraus. Günstige Mittagsgerichte!

▶ *Im Treff der alten Safran Zunft herrscht mittelalterliches Ambiente*

EXTRATIPP
Vegetarisch, biologisch, gesund

Vegetarier kommen in Basel gut weg. Die meisten Lokale bieten mittags nicht nur normale Mittagsteller und -menüs, sondern mindestens ein „Vegi Menü" an. Zudem ist es üblich, die Herkunft von Fleisch, Fisch usw. auf Speisekarten zu deklarieren.

🌱71 [H8] **Comino**, Freie Str. 35, Tel. 061 2612440, tgl. außer Sa./So. Außen unscheinbar, innen Japanisches, Vollwertkost und vegetarische Küche sowie leckeres Sushi.

🌱72 [G8] **Kornhaus**, Kornhausgasse 10, Tel. 061 2614604, Sa./So. geschl. Kleines Lokal mit Charme und nettem Hinterhof, in dem kreative Gerichte aus frischen und lokalen Bioprodukten serviert werden.

🍴73 [I10] **Hitzberger**, Aeschenplatz 7, Tel. 044 4503780, www.hitzberger.ch. Gourmet-Fastfood-Restaurant des Bündner Sternekochs Eduard Hitzberger. Fastfood höchster Qualität (viel Vegetarisches!) in hippem Ambiente. Freies WLAN, Selbstbedienung.

Auf ins Vergnügen
Basel für Genießer

- 74 [G8] **Stadthauscafé**, Stadthausgasse 13, Di.–Sa. 8–17.30 Uhr. Nahe Heimatwerk, im Verwaltungsbau der Stadt Basel. Ruhiger historischer Innenhof mit Brunnen. U. a. frisch gebackene Wähen sowie preiswerte Mittagsteller.
- 75 [J9] **St. Alban-Stübli**, St.-Alban-Vorstadt 74, Tel. 061 2725415, tgl. außer So. Charmantes Lokal mit Tradition, in dem die Preise noch moderat sind. Im 1. Stock gibt es das *Raucherstübli* und auch im Hinterhof wird serviert. Ebenfalls empfiehlt sich nebenan das Restaurant **St. Alban-Eck** (St.-Alban-Vorstadt 60, Tel. 061 2710320), das jedoch teurer ist.
- 76 [H9] **Zum Braunen Mutz**, Barfüsserplatz 10, Tel. 061 2613369, tgl. geöffnet. Urige Brasserie/Bierhalle (beliebt bei Einheimischen) und Bar im EG mit vielen Schweizer Bieren und relativ preiswerten Gerichten. Im OG gehobenes Restaurant mit günstigem Mittagsmenü (CHF 19,50).
- 77 [H7] **Zum schmale Wurf**, Rheingasse 10, Tel. 061 6833325, tgl. außer So. Urgemütliche Beiz am Kleinbasler Rheinufer mit mediterranem Flair und Kulturprogramm. Neben Suppen, Pasta und Gnocchi lohnen die Antipasti.

Toplokale

Wie der Name sagt: Hier zahlt man kräftig, allerdings für gute Qualität, ordentliche Portionen und hervorragenden Service. Für ein Hauptgericht muss man schon mit CHF 40–50 rechnen, manchmal gibt es Menüs zu Fixpreisen.

- 78 [G8] **Bel Etage**, Leonhardsgraben 49, Tel. 061 2611010, tgl. (So./Mo./Sa. mittags geschlossen), vielfach ausgezeichnetes Toplokal (u. a. Michelin-Stern) im Teufelhof (www.teufelhof.com). Feinschmeckerküche und riesige Weinauswahl. Preiswerter isst man in der Café-Bar und kreativ im Atelier (s. S. 33).
- 79 [J9] **Gasthof zum Goldenen Sternen**, St.-Alban-Rheinweg 70, Tel. 061 2721666, abends Reservierung empfohlen. Ältester noch existierender Schweizer Gasthof, schön zum Sitzen auf der Terrasse unter Kastanien am Rheinufer oder im kleinen Hinterhof. Vielseitige Küche, biologische, marktfrische Produkte, Spezialitäten aus aller Welt sowie Fisch.
- 80 [G14] **Restaurant Stucki**, Bruderholzallee 42, Tel. 061 3618222, So./Mo. geschlossen. Das beste Restaurant der Stadt (1 Michelin-Stern und 17 Gault-Millau-Punkte). Tanja Grandits präsentiert hier „Aromenküche" auf höchstem Niveau.

◀ *Treffpunkt der jungen Basler: die schicke Acqua Osteria*

Auf ins Vergnügen
Basel für Genießer

In Basel kocht die Welt

Je nach Zusammensetzung (Fleisch- und Fischgerichte sind teurer) ist für ein Hauptgericht in den folgenden Lokalen mit CHF 30–40 zu rechnen. Mittags gibt es billigere Angebote.

81 [G10] **Acqua Osteria**, Binningerstr. 14, Tel. 061 2716300, tgl. außer So./Mo. (abends reservieren!). Eines der derzeit angesagtesten Lokale in Basel. Im alten Wasserwerk zaubert der toskanische Koch leckere mediterrane Gerichte vor den Augen der Gäste. Es gibt eine Lounge und eine Bar und im Sommer eine Terrasse.

82 [G8] **Atelier**, Leonhardsgraben 49, Tel. 061 2611010. Moderne Weltküche mit regionalen Produkten im Teufelhof. „Menü-Werkstatt" mit beliebiger Zusammenstellung der Gänge.

83 [H9] **Bodega zum Strauss**, Barfüsserplatz 16, Tel. 061 2612272, tgl. (abends Reservierung sinnvoll). Hier trifft sich nicht nur die Kunstszene, sondern auch Fußballfans. Saisonale italienische und hausgemachte Pastagerichte.

84 [I6] **Goldenes Fass**, Hammerstr. 108, Tel. 061 6933400, So./Mo. geschlossen. Die etwas andere italienische Küche – „cucina casalinga italiana" – italienische Hausmacherkost mit saisonalen, marktfrischen Zutaten wird hier zu anständigen Preisen angeboten.

85 [H9] **Noohn**, Henric-Petri-Str. 12, Tel. 061 2811414. Restaurant mit Lounge und Bar sowie Dachterrasse. Schicker Treff und ungewöhnliches Dekor, asiatisch-europäische Speisekarte.

86 [G7] **Pangea**, Petersgraben 15, Tel. 061 5355868, www.pangearestaurant.ch, So. geschlossen. Von Baked Potatoes über Suppen und Tagesmenüs bis zu exotischen Spezialitäten und Vegetarischem.

87 [K9] **Restaurant Papiermühle**, St.-Alban-Tal 37, www.papiermuehle.ch, Di.–Sa. 11.30–18 Uhr, So. 10–18 Uhr (Brunch!). Direkt am rauschenden Mühlbach werden monatlich wechselnde mediterrane Gerichte serviert, allesamt frisch zubereitet mit Zutaten der Saison. Günstiges Mittagsmenü (CHF 19/22), Wähen, Sandwiches, Suppen u. a., dazu offene Weine.

88 [N12] **Restaurant Uno**, St.-Jakobs-Str. 395, Tel. 061 3751122. Das Lokal bietet eine breite Palette leckerer Gerichte mit mediterranem Touch. Die Lage im Fußballstadion macht es zum Muss für Fans.

Sehen und Gesehenwerden, schick und kultig

Hier gibt es oft auch kleine Gerichte und Snacks, im Allgemeinen sind die Lokale preiswerter als die etablierten Restaurants.

89 [H9] **Atlantis**, Klosterberg 13, Tel. 061 2289696, www.atlantis.ch, So. und Mo.-abend geschlossen. Ambiente wie Küche sind im „tis" ausgefallen und die Mittagsmenüs empfehlenswert; dazu gibt es Livemusik und eine gemütliche Bar.

90 [H9] **Brötlibar**, Gerbergasse 84. Viel frequentiertes Hotel-Restaurant (OG), das bekannt ist für seine große Speisekarte und seine Pizza (eher preiswert). Beliebt sind die Freiplätze und die Bar im Erdgeschoss, um das Treiben in der Fußgängerzone zu beobachten.

> **EXTRATIPP**
>
> ### Essen für Nachteulen
> Siehe auch „Basel am Abend".
>
> **91** [H9] **City Liner**, Steinenberg 21. Imbiss für Nachtschwärmer, warmes Essen (Kebab, Burger, Hühnchen) bis 2 Uhr, an Wochenenden bis 4 Uhr früh.
>
> **92** [H9] **Grand Café Huguenin**, Barfüsserplatz 6. Wiener Kaffeehaus am Barfi, Do.–Sa. bis Mitternacht geöffnet.

Auf ins Vergnügen
Basel für Genießer

EXTRATIPP

Essen mit Ausblick

99 [H7] **Café Spitz**, Greifen-/Rheingasse 2 (Kleinbasel). Bekannt für seine Fischspezialitäten und die Terrasse am Rhein mit Blick auf Grossbasel und den Münster.

100 [H7] **Restaurant Krafft**, Rheingasse 12 (Kleinbasel), Tel. 061 6909130. Ebenso wie das Café Spitz direkt am Rhein gelegenes Restaurant, wo Gerichte aus frischen Produkten mit mediterranem Touch auf der Karte stehen.

101 [H7] **Restaurant Rhywyera**, Unterer Rheinweg 10, Tel. 061 6833202. Direkt am Rhein an der „Glaibasler Riviera" mit schönem Ausblick von der Freiterrasse. Saisonale mediterrane und regionale Küche.

› **Zum Goldenen Sternen** (s. S. 32). Schöne, kastanienbestandene Terrasse am Rhein.

102 [H8] **Spillmann**, Eisengasse 1, an der Mittleren Brücke, Tel. 061 2611524, tgl. außer So. Gut geeignet für ein Frühstück oder für etwas Süßes zwischendurch, mit schöner Terrasse über dem Rhein.

› **Bar Rouge** (s. S. 35) auf dem Messeturm mit der wohl besten Aussicht Basels.

› **Sommerbar** des **Parterre** (s. S. 36), Klybeckstr. 1 b. Buvette direkt am Rheinbord (Kleinbasel) nahe der Kaserne.

Gastro- und Nightlife-Areale

Bläulich hervorgehobene Bereiche in den Karten kennzeichnen Gebiete mit einem dichten Angebot an Restaurants, Bars, Klubs, Discos etc.

93 [I2] **eo ipso**, Dornacherstr. 192, Tel. 061 3331490, So. geschl. Restaurant, Bar, Lounge und Kulturzentrum in einem, mitten im „Gundeli" (Gundeldingen) in einer alten Industriehalle. Neben Auftritten von Livebands (v. a. Jazz) und DJs gibt es Festpreis-Gourmetmenüs, günstige Mittagessen (Mo.–Fr.) und eine kleine Tageskarte mit Gerichten aus frischen, biologischen Zutaten. *Unser Bier* im Ausschank und beliebter Treff der FCB-Fans.

94 [H9] **Kohlmanns**, Steinenberg 14, Tel. 061 2259393, www.kohlmanns.ch, tgl. 11.30–24 Uhr. Neu neben dem Stadtcasino mit Plätzen im Freien. Preiswerter Mittagsteller; viele „Feuerkuchen" (Flammkuchen) sowie andere Gerichte nach Originalrezepten von Johannes Kohlmann (um 1920) wie Schupfnudeln, Aufläufe oder Geschmortes werden angeboten.

95 [K6] **Restaurant Les Garçons** im Badischen Bahnhof, Schwarzwaldallee 200, So.–Do. 9–24 Uhr. Kühles, schickes Ambiente und kreative Gerichte. Ideal auch für einen Drink in der angeschlossenen Café-Bar.

96 [H5] **Union**, Klybeckstr. 95, Tel. 061 6837770, tgl. außer So., Sa. nur abends. Kulturzentrum und Quartierrestaurant in Kleinbasel. Herausragende Fisch- und vegetarische Gerichte. Besonders beliebt ist der Sonntagsbrunch.

97 [H9] **VIP**, Steinenvorstadt 32. Beliebter Treff der jungen Basler vor oder nach dem Kinobesuch. Amerikanische Küche (*Baked Potatoes* und *Ribs!*).

98 [G7] **Zur Harmonie**, Petersgraben 71, So. geschl. Treff auf der Lyss nahe der Universität. In der Brasserie wird neben den Rösti besonders der Wurstsalat gerne bestellt.

▲ *Hit im Sommer:*
Open-Air-Kino im Hof der Kaserne

Basel am Abend

Nachtleben

Viele Bars haben an Sonntagen geschlossen, sind dafür aber freitags und samstags bis nach Mitternacht geöffnet. Zentren des Nachtlebens sind:
› **Barfüsserplatz** ❼ – Barfi – und Umgebung,
› **Gebiet zwischen Marktplatz** ❻ **und Rhein**,
› **Kleinbasel** mit der Rheingasse [H7] Richtung Greifengasse (mehrere Bars und Discos sowie Kneipen), der Unteren Rheingasse, Webergasse (beide zugleich Kern des Rotlichtviertels) und den umliegende Gassen in Richtung Kasernenareal [H7],
› **Bahnhofsviertel** [H10/H11].

Bars und Treffpunkte

❶**103** [J6] **Bar Rouge**, Messeplatz 10, www.barrouge.ch, tägl. ab 17 Uhr, Fr. und Sa. Clubnight bis 4 Uhr (Eintritt), Do. After-Work-Party, So. DJs. Cocktaillounge und Klub im obersten Stockwerk des neuen Messeturms (tolle Aussicht!).

❶**104** [G8] **Bar zum Sperber**, Münzgasse 12, Mo.–Do. 11–24 Uhr, Fr./Sa. 11–1 Uhr. Klubartige, gemütliche Bar im Hotel Basel mit viel Holz und Leder. Gutes Essen und hin und wieder Livejazz.

❶**105** [H9] **Baragraph**, Kohlenberg 10, So.–Do. 16–1 Uhr, Fr. 16–2.30, Sa. 14–2.30 Uhr. Bei jungen Leuten beliebte, poppig ausgestattete Bar mit Raucherlounge im 1. OG.

❶**106** [I6] **Blue Bar**, Hammerstr. 108, im Restaurant zum Goldenen Fass, tgl. ab 18.30 Uhr. Zwischen Messeplatz und Rhein in Kleinbasel gelegene Weinbar mit glasweisem Ausschank.

❶**107** [G6] **Cargo Bar**, St.-Johanns-Rheinweg 46, So.–Do. 16–1 Uhr, Fr./Sa. 16–2.30 Uhr. Angesagte Bar direkt am Rhein und zugleich Treffpunkt der Kunstszene. Immer wieder Events in gestyltem Undergroundambiente – allein die ungewöhnliche Herrentoilette ist sehenswert!

Auf ins Vergnügen
Basel am Abend

108 [H9] **Des Art's,** Barfüsserplatz 6, tgl. ab 11 – 1/2/3 Uhr, So. 17 – 24 Uhr. Brasserie, Pub und Lounge in einem. Vor allem beliebt als „After-Work-Bar" zum Drink bei Livepianomusik. Im 1. Stock befindet sich eine Smoker's Lounge (Whiskeys und Zigarren).

109 [H7] **Grenzwert,** Rheingasse 3, Mo.–Mi. 17–1 Uhr, Do.–Sa. 17–2 Uhr. Dreiteiliger Komplex mit langer Bar, an der sich ein gemischtes Szenepublikum trifft, dazu Musik, DJs, Sonnendeck, Boulebahn und Tischfußball.

110 [N12] **Hattrick Sport-Bar** im St.-Jakob-Park, St.-Jakob-Str. 395. Hier trifft sich die Basler Fußballszene vor und nach Spielen oder zu TV-Übertragungen. Amerikanische Spezialitäten und große Getränkeauswahl.

111 [H9] **Kunsthalle Bar,** Steinenberg 7, Mo.–Do. 17–24 Uhr, Fr./Sa. bis 2 Uhr. Elegante Cocktailbar zum Sehen und Gesehenwerden im 1. Stock der Kunsthalle. Angeschlossen ist ein französisches Restaurant. Im Sommer Betrieb im Kunsthallengarten mit der **Campari Bar** (tgl. 9–24 Uhr, Sa.–1 Uhr) befindet, ein Treffpunkt der Basler Schickimickiszene zu Apéro oder Cocktail am Abend. Nett auch zur Kaffeepause am Nachmittag.

112 [H10] **Paddy Reilly's Pub,** Steinentorstr. 45. Irish Pub mit DJs und Restaurantbetrieb, besonders zu TV-Sportübertragungen viel besucht.

113 [H7] **Parterre,** Klybeckstr. 1 b, Tel. 061 6958989, www.parterre.net. Café, Bar und Kultur auf dem Kasernenareal. Hervorragendes Restaurant mit Terrasse und im Sommer mit einer Open-Air-Bar direkt am Rheinbord.

Livemusik, Klubs und Discos

Hinweis: Die meisten Klubs und Discos sind nur Do.–Sa. ab etwa 20/21 Uhr geöffnet, besser vorher checken!

114 [H10] **Allegra-Club,** Aeschengraben 31 (nahe Bahnhof SBB). Tanzlokal im Hilton Hotel mit Salsa, Disco, Oriental Night und Soul als Musikschwerpunkte.

115 [G10] **Annex,** Binningerstr. 14, www.theannex.ch. Kleiner, feiner Klub mit viel Electronikmusik, Disco-Lounge und Konzerte.

116 [H9] **Bird's Eye Jazz Club,** Kohlenberg 20, Tel. 061 2633341, www.birdseye.ch, Mi.–Sa. ab 20.30 Uhr. Bester und eigentlich einziger Jazzklub der Region mit mehreren wöchentlichen Livemusikkonzerten. Tolle Akustik in ehemaliger Gefängnisturnhalle (zugleich hier

EXTRATIPP

Tipps zum Wachwerden

117 [F10] **Templum Bar,** Steinenring 60, nahe dem SBB-Bahnhof, Mo.–Do. 7–24 Uhr, Fr./Sa. 7–1 Uhr. Guter Espresso und eine große Auswahl an Tageszeitungen, die man auch auf dem Sofa liegend lesen kann.

› **Fumare non fumare,** Teil von „Unternehmen Mitte" (s. S. 38). Trendiger Treff auf einen Kaffee oder Aperitif, auch Plätze im Freien, wo man gut das Treiben in der Innenstadt beobachten kann.

Musikmuseum) und breites Spektrum von klassischem und zeitgenössischem Jazz über internationale Stars bis hin zu innovativen Projekten mit Klassik, Hip-Hop oder Latin.

- 118 [H1] **Das Schiff**, Westquai, Tel. 061 6314240, www.dasschiff.ch. Nahe dem Dreiländereck im Rheinhafen gelegenes Klubschiff mit Electronica Sound (DJs) und Lounge (Mi.–So. ab 17 Uhr) auf dem Hauptdeck sowie Restaurant Treibgut (Mi.–So. ab 19.00 Uhr, So. Brunch ab 12 Uhr) und Open-Air-Kino (im Sommer, Do./Fr.).
- 119 **Music Galery Bar**, Rütiweg 9, Pratteln, www.galery.ch, So. geschlossen. Rock- und Blues-Konzerte, Parties, Disco, dazu Restaurant mit günstigen Mittagsmenüs.
- 120 [N13] **Musikpark A 2**, in der St.-Jakob-Arena, www.musikparka2.ch, tgl. ab 21 Uhr. Top-Nightspot und eine der angesagtesten Discos der Stadt.
- 121 [H8] **Route 66**, Freie Str. 55, Tel. 061 2617975, Do. ab 22 Uhr, Fr./Sa. ab 23 Uhr. Music & Dance Klub, viel Rock und Amerikanisches (DJ-Partys) nach dem Motto „We rock the city!".
- 122 [E5] **Volta-Bar**, Voltastr. 85, Di., Mi., Do. ab 17 Uhr. Beliebte After-Work-Bar mit Livejazz, zudem italienisches Lokal.

Kulturzentren

- 123 [H9] **Atlantis**, Klosterberg 13, Tel. 061 2289696, tgl. außer So., breit gestreutes Veranstaltungsspektrum: Fr./Sa. Klub Nights mit Tanz, Do.–Sa. auch Livekonzerte und DJs. Das „tis" existiert seit 1947 und gilt als Urgestein aller Basler Konzertbars; mit Restaurant (s. S. 33).

◀ *Am Abend wird Basel zur Partytown ... das Angebot ist vielseitig*

Smoker's Guide

Eine 2010 in Kraft getretene Raucher-Regelung in Basel-Stadt und -Land sieht vor, dass alle öffentlich zugänglichen, geschlossenen Räume rauchfrei sein müssen. Erlaubt ist das Rauchen in abgetrennten Räumen, im Freien und in privaten Haushalten. In Hotels darf in öffentlich zugänglichen Räumen nicht geraucht werden, die Regelung für die Hotelzimmer liegt in der Hand des Hotels selbst. Raucherzimmer sind jedoch selten geworden.

In der Folge haben sich gastronomische Betriebe zum Verein „Fümoar" zusammengeschlossen. Sie können ihre *Beiz* komplett zum Raucherlokal erklären, da nur Mitglieder im Lokal zugelassen sind (www.fümoar-basel.ch/cms). Am 27. November 2011 sprach sich die Bevölkerung Basels mit knapper Mehrheit für ein restriktives Rauchverbot ohne Ausnahmen aus, dennoch will Fümoar noch nicht die Segel streichen.
Tipps für Raucher:
› **Pfuffe Laade**, Rümlinsplatz 15. Hier gibt's Pfeifen und Rauchwaren aller Art.
› **Baragraph** (s. S. 35). Café-Bar mit Raucher-Lounge im 1. Stock.

- 124 [I8] **Hirscheneck**, Lindenberg 23 (Kleinbasel), Tel. 061 6927333, www.hirscheneck.ch. Gewöhnliche Beiz, vor allem aber seit fast 30 Jahren bekannt als Kollektivbetrieb und alternativschwules Zentrum mit vielseitigem Veranstaltungsprogramm (v. a. Indie-Bands und DJs). So. Homobar „Untragbar".
- 125 [H7] **Kaserne Basel**, Klybeckstr. 1 b, www.kaserne-basel.ch, Tel. 061 6666000. Seit 1977 als alternatives Kulturzentrum „Kulturwerkstatt Kaserne" mit **Restaurant/Bar Kabar** (Essen am Mittag, Drinks am Abend und durchge-

Auf ins Vergnügen
Basel am Abend

hend Snacks), **Bar Parterre** und Konzertsaal (von Folk über Blues bis Techno und Rap). Zugleich Veranstalter des Jazzfestivals und Ort des Basel Tattoo.

⊖126 [G10] **Kuppel**, Binningerstr. 14, Tel. 061 2289690, www.kuppel.ch. Zentrum für junge Musikfans – Hip-Hop und Soul, Jazz, House, Funky Dance u. a. Nachmittags auch Kinderevents (eigenes Programmmagazin „Kuppler"), meist ab 20 Uhr Konzerte und Veranstaltungen.

⑱ [H9] **Offene Kirche Elisabethen** (OKE), Elisabethstr. 10, Tel. 061 2720343, www.offenekirche.ch, Di.–Fr. 10–21 Uhr, Sa. 10–18 Uhr. Hübsche Café-Bar zugehörig, in der Kirche verschiedenste Veranstaltungen wie Konzerte von Soul und Oldies über Rap bis Klassik, Schwulen- und Lesbengottesdienste, Handauflegen und Heilungsgottesdienste, Ausstellungen, Aufführungen, Meditationen usw.

› **Teufelhof Basel** (s. S. 115), Leonhardsgraben 47–49, www.teufelhof.com, Tel. 061 2611010. Mehrteiliger Komplex mit zwei Restaurants, Café-Bar, Weinladen, Theater und Hotel, in dem auch Veranstaltungen und Ausstellungen stattfinden.

⊖127 [H8] **Unternehmen Mitte**, Gerbergasse 30, Tel. 061 2633663, www.mitte.ch, ab 8 Uhr bzw. Sa/So. ab 9/10 Uhr. Alternatives Kulturzentrum in der ehemaligen Hauptpost mit Gastronomie, Bühne, Kantine, Tanzsaal (Do. Tango) und beliebtem Café **Fumare non fumare**.

⊖128 [J8] **Werkraum Warteck pp** („permanentes Provisorium"), Burgweg 15, Tel. 061 6933439, www.werkraum warteckpp.ch. In dem multifunktionalen Zentrum im alten Sudhaus der ehemaligen Basler Brauerei finden Konzerte (v. a. Jazz und Blues) statt und wird Kleinkunst geboten. So. Hallenflohmarkt sowie Kulturbrunch mit Weltmusik live, Mo. pp-Bar, DJs „HomoExtra" (Veranstaltung für Homosexuelle) und vielerlei Treffs.

Tipps für Kinogänger

Montags ist auch in Basel Kinotag, dann kommt man billiger an seine Tickets. Besonders schön wird das Filmerlebnis in einem der Open-Air-Kinos:

› **OrangeCinema**. Open-Air-Kino auf dem Münsterplatz im August, Programm unter http://orangecinema.ch/basel, Einlass ab 19.30 Uhr, Tickets CHF 19.

› **Silo-Open-Air**, Hafenstr. 7, Kleinhüninger Rheinhafen, www.neueskinobasel.ch, von Juli bis August. Das besondere Erlebnis hoch über der Stadt mit Capri Bar.

Spezielle Kinos für Cineasten:

🎬129 [H9] **Stadtkino**, Klostergasse, Tel. 061 2726688, www.stadtkinobasel.ch. Thematische Filmreihen und Werke unbekannter Autoren, Originalversionen u. a.

🎬130 [H3] **Neues Kino**, Klybeckstr. 247 (Neubasel), www.neueskinobasel.ch, nur Do. u. Fr. 21 Uhr. Hier werden seltene Filme gezeigt.

Theater und Konzerte

Basel ist eine **Kulturstadt** und an Theatern und Bühnen besteht ebenso wenig Mangel wie an Einzelveranstaltungen (siehe auch „Zur richtigen Zeit am richtigen Ort"). Ein ausführlicher Veranstaltungskalender („BAZ Kulturbeilage") findet sich täglich in der Basler Zeitung (www.baz.ch, siehe auch „Informationsquellen"). Große **Konzerte** und andere Events finden in Basel meist im Stadt-Casino ⑨, im Theater Basel (s. u.), im Festsaal der Messe Basel (Messeplatz Kleinbasel, www.congress.ch) oder in der St. Jakobshalle (Brüglinger Str. 9–21, www.stjakobshalle.ch) statt.

› **Infos**: www.baslerkleintheater.ch

Theater und Kabarett

○**131** [H9] **Baseldytschi Bihni**, Kellertheater im Lohnhof, Lohnhof 4, Tel. 061 2613312, www.baseldytschibihni.ch. Im ehemaligen Gefängnis werden von Amateuren vor allem Komödien im Basler Dialekt aufgeführt.

○**132** [G8] **Fauteuil-Tabourettli-Kaisersaal**, Spalenberg 12, www.fauteuil.ch, Tel. 061 2612610. Legendär seit 1956, als das Publikum noch eigene Stühle mitbringen musste. Seither sind hier fast alle großen Künstler der Kabarettszene aufgetreten.

○**133** [J6] **Häbse-Theater**, Klingentalstr. 79, www.haebse-theater.ch, Tel. 061 6914446. Boulevardtheater, Komödien, Musicals u. a. vom Hausensemble im intimen Rahmen präsentiert.

○**134** [J8] **Im Sudhaus**, Werkraum Warteck (s. S. 38). Verschiedenste Veranstaltungen.

○**135** [H7] **Junges Theater Basel**, Wettsteinallee 40, auf dem Kasernenareal, www.jungestheaterbasel.ch, Tel. 061 6812780. Seit 1977 existierendes junges Ensemble aus Profis und Laien. Jährlich gibt es zwei bis vier Produktionen (ca. 30 Vorstellungen) in Schwyzerdütsch.

○**136** [I6] **Musical Theater Basel**, Feldbergstr. 151, Messeareal, Tram 1 bis „Musical Theater", Tel. 0900 800800, www.musicaltheaterbasel.ch. Vielseitiges Angebot von japanischen Trommlern über West Side Story und Mama Mia! bis hin zu Ballett und Kabarett.

○**137** [H9] **Theater Basel**, Theaterstr. 7/ Steinentorstr., www.theater-basel.ch, Tel. 061 2951133. Größtes Dreispartenhaus der Schweiz mit großer und kleiner Bühne und Schauspielhaus (1000, 320 bzw. 560 Plätze), vielseitiges Repertoire (Schauspiel, Oper, Tanz usw.).

○**138** [I7] **Theater Charivari**, Rebgasse 12–14, Tel. 061 695230, www.charivari.ch. Angesehenes Musiktheater, das für „S'Muusigtheater vo dr Fasnacht" im Volkshaus Basel bekannt ist.

○**139** [G8] **Theater im Teufelhof**, Leonhardsgraben 49, Tel. 061 2611261, www.teufelhof.com. Der Schwerpunkt im Theater des Kultur-/Hotel-/Restaurantkomplexes liegt auf Kabarettvorstellungen und satirischen Programmen.

○**140** [I9] **Vorstadttheater Basel**, St.-Alban-Vorstadt 12, Tel. 061 2722343, www.vorstadttheaterbasel.ch. Vielseitiges Kulturprogramm, zahlreiche Aufführungen für Kinder, Festivals und ungewöhnliche Darbietungen.

Kulturveranstaltungen und Konzerte

Fest im Jahreskalender von Basel (s. S. 11) verankert sind folgende **Kulturveranstaltungen:**

› **Festtage „Herbst des Mittelalter"**, Mitte August, Tel. 061 2069996 (Tickets), www.festtage-basel.ch. Eine Woche lang Musik aus der Zeit des Basler Konzils (1431–49) an verschiedenen Orten in der Innenstadt, v. a. in Kirchen.

› **Im Fluss**, Ende Juli–Ende Aug. Kulturfloß auf dem Rhein (s. S. 13).

› **Opern Festival**, Ende Aug., in Basel/ Riehen, www.opernfestival-riehen.ch. Operngenuss hautnah in der barocken Parkanlage des Wenkenhofs in Riehen.

› Jeden Sa. 17 Uhr: 15 Min. lang **Vesperblasen** des Stadtposaunenchors auf dem Georgsturm des Münsters.

⊕**141** [K6] **Gare du Nord**, Schwarzwaldallee 200, Tel. 061 6831313, www.garedunord.ch. Kulturort in Basel für zeitgenössische Musik des 20. und 21. Jh. im Badischen Bahnhof, ca. 120 Veranstaltungen pro Saison.

⊕**142** [H8] **Neues Orchester Basel**, Martinskirche Basel, Tel. 061 7214611, www.neuesorchesterbasel.ch. Sechs Abonnementskonzerte des Symphonieorchesters und ein Extrakonzert pro Saison.

Das grüne Basel

Das grüne Basel

Basel ist eine grüne Stadt und verfügt nicht nur über zahlreiche Grünanlagen, sondern auch über botanische und zoologische Gärten und über die Rheinpromenade, die besonders auf Kleinbasler Seite immer für ein Sonnen- oder Rheinbad gut ist. Die Wurzeln für das grüne Basel wurden im 19. Jh. gelegt, als mit dem Abriss der Stadtbefestigung 1859 auf Wunsch des Ratsherrn Karl Sarasin mehr Grünflächen entstanden.

- ●143 [M8] **Birsköpfli,** Birskopfweglein 7, im Sommer bis 22 Uhr. Am Rand der Innenstadt liegt direkt an der Birsmündung in den Rhein ein Ruhepol. Drei frei zugängliche große Liegewiesen locken zur Pause unter gigantischen Pappeln oder zum erfrischenden Bad. Stärkung gibt es im Café Birskopf.
- ⑬ [F8] **Botanischer Garten der Universität Basel,** Schönbeinstr. 6 (nahe Spalentor, Tram 3), www.unibas.ch/botgarten, Tel. 061 2673519, April–Okt. 8–18 Uhr, Nov.–März 8–17 Uhr. 1589 gegründet und seit 1898 am nordwestlichen Altstadtrand gelegen, ist der Garten ein malerischer Ort zum Entspannen mitten im Treiben der Altstadt, zudem für botanisch Interessierte wegen der Kalt-, Sukkulenten-, Victoria-regia- und Tropenhäuser besuchenswert.
- ㉕ [M14] **Botanischer Garten in Brüglingen (Merian Park),** Vorder Brüglingen 5 (Tram 14), www.bogabrueglingen.ch, Tel. 061 3199780, tgl. 8 Uhr bis zur Dämmerung. Das zur Gartenbauausstellung „Park im Grünen" entstandene, weitläufige Naherholungsgebiet (13,5 ha) liegt südlich des Fußballstadions ㉔. Hier kann man durch das Rhododendrontal, einen Arzneipflanzengarten, ein Feuchtbiotop, die Orangerie, Gewächshäuser, Clematis- und Irissammlungen spazieren. Museen und ein Café mit Freiplätzen in der Villa Merian gehören dazu.
- ●144 [L9] Eine wenig bekannte, verträumte Oase mitten in der Stadt ist der **Gellertpark** und das **Gellertgut** (Gellertstr. 29–35, tgl. 7.30–21 Uhr). Christoph Burckhardt-Bachofen ließ den Landschaftspark 1822–1830 anlegen. Heute ist die Anlage und Villa Sitz der Christoph Merian Stiftung, diese machte das Areal 1992 öffentlich zugänglich.

▲ *Botanischer Garten in Brüglingen*

Auf ins Vergnügen
Das grüne Basel

- **145** [D6] **Kannenfeldpark,** zwischen Burgfelder- und Flughafenstr. im Nordwesten der Stadt, erreichbar per Tram 1 und 3. Die grüne Lunge der Stadt ist der Kannenfeldpark mit dem Märchenwald und einem „Riesen" – einer 4 m hohen Figur des deutschstämmigen, in Birsfelden lebenden Künstlers Markus Böhmer von 1990.

- **146** [F12] Der **Margarethenpark** (Gundeldingerstr., Tram 2) liegt am Nordende des schon 1897 eingerichteten und 3 ha großen Naherholungsgebiets Bruderholz im Süden der Stadt. Gerade der Baumbestand mit Blutbuchen, Nussbaumarten, uralten Eichen oder der einzigen Ginkgoallee der Schweiz lohnt einen Spaziergang. Auf der Hangseite des Margarethenparks befindet sich der Eingang zum Märchenpfad, auf dem Margarethenhügel befindet sich zudem eine Sternwarte.

- **147** [M15] **Park im Grünen,** Rainstr., Münchenstein, Tram 10 „Münchenstein, Neuewelt/Grün 80", www.seegartengruen80.ch. Spazierwege, Wiesen, ein kleiner See, Kinderspielplatz und Karussell sowie Minigolfanlage und Restaurant.

- **148** [L8] Der **Solitude Park** am Museum Tinguely 28 ist ebenfalls ein idealer Platz zum Entspannen und günstig am Rand der Innenstadt gelegen. Für das leibliche Wohl sorgt das *Bistro Chez Jeannot* im Museum.

- **149** [N4] Der **Tierpark Lange Erlen** (Erlenparkweg 110, Bus 36, tgl. 8–17 Uhr) ist ebenfalls ein Naherholungsgebiet im Norden und kann einige Hirscharten, ein Affenhaus und einen Kinderzoo vorweisen.

- **16** [F10] Der „**Zolli**" – der **Zoo Basel** – (Binningerstr. 40, www.zoobasel.ch) ist nach den Rheinfällen die meistbesuchte Attraktion der Schweiz. Das 11 ha große Naturidyll liegt am Südwestrand der Innenstadt.

▲ *Grüne Oase in der Basler Innenstadt: der „Zolli"*

▲ *Botanischer Garten d. Universität*

EXTRATIPP

Ausruhen beim Kaffee
› **Chill am Rhy.** Freiluftlounge am Grossbasler Rheinufer unterhalb des Münsters, mit Getränken und Essen, Juli/August tgl. 17–1 Uhr Barbetrieb, Pastagerichte sowie Mo./Mi./Fr. Kulturprogramm 18–20 Uhr (www.chillamrhy.ch).

„Die Glocke hat 9 Uhr geschlagen ..." – historische Stadtrundgänge

„Liebe Leute lasst euch sagen, die Glocke hat neun Uhr geschlagen. Höret Ihr der Stunden Klang, dann ist's Zeit für Rudolfs Gang."

So lautet die Begrüßung des Nachtwächters „Rudolf Streiff" alias David Bröckelmann, der in einen wallenden schwarzen Umhang gekleidet und mit Hut und Laterne ausgestattet seine Besucher vor dem Kunstmuseum zum Rundgang durch die St. Alban-Vorstadt, ins „Dalbenloch", abholt. „Des Nachts in dunklen Gassen" heißt diese nächtliche Zeitreise, in deren Verlauf nicht nur eine reife schauspielerische Leistung gezeigt wird, sondern die Teilnehmer zugleich mit historischen Anekdoten zu Gebäuden, Persönlichkeiten und Ereignissen, gepaart mit aktuellen Bezügen, unterhalten werden.

Salomé Jantz spielt die zwar wohlhabende und aus bester Familie stammende, aber einsame „Helena Hoffmann Merian" - ihr Mann weilt als Offizier im fernen Preußen - und sie kreuzt auf dem Rundgang immer wieder den Weg des Nachtwächters und klagt ihr Leid. Die beiden sind heimlich ineinander verliebt, da Rudolf jedoch den unehrbaren Beruf des Nachtwächters ausübt, kann aus der Liaison nichts werden.

Historie und fiktive Elemente fließen bei diesem szenisch-historischen Rundgang im Stil eines Straßentheaters zu einem neuartigen Erlebnis zusammen. Beim Gang durch die Straßen und romantisch dunklen Gassen der St. Alban-Vorstadt plaudert der Nachtwächter über Menschen, Gebäude sowie die Geschichte des Viertels und erweckt das „Klein-Venedig" Basels so zu neuem Leben.

Bröckelmann und Jantz, beruflich wie privat liiert, sind in Basel und der Schweiz kein unbeschriebenes Blatt. Ihre Talente sind vielseitig. Neben Schauspiel und Gesang, Rezitation und Kabarett, TV- und Radioauftritten, sind es seit 2006 eben auch szenische Stadtführungen, die sie selbst konzipieren. In erster Linie sind sie aber Ensemblemitglieder des „Theater am Weg", eines 2002 gegründeten unabhängigen Theaters, das mit Vorliebe an außergewöhnlichen Orten auftritt. Davvid Bröckelmann zählt zu den Mitbegründern des Ensembles und ist im In- wie Ausland als freischaffender Schauspieler und Regisseur tätig

Gegenwärtig finden regelmäßig vier szenische Touren von und mit David Bröckelmann und Salomé Jantz statt. Infos und Reservierung bei Basel Tourismus unter Tel. 061 268 6868, www.basel.com/de.cfm/offizielle/. Die Führungen dauern ca. 70-80 Min. und kosten CHF 30.

› „Des Nachts in dunklen Gassen" (Donnerstag 19/21 Uhr)
› „Erdbeben, Pest und Tod" (Mittwoch 18 Uhr)
› „Hinter verschlossenen Türen" (Dienstag 18 Uhr).
› „Attias Geheimnis - Eine Zeitreise in die Römische Antike" (Augusta Raurica), Apr.-Sept. zu bestimmten Terminen Sa. 14 Uhr
› Infos zum „Theater am Weg": www.theater-am-weg.ch, www.david-bröckelmann.ch und www.salomejantz.ch

Am Puls der Stadt

Am Puls der Stadt
Das Antlitz der Metropole

Postkartenidylle am Rhein und Kulturmetropole einerseits, geschäftige Messe- und Industriestadt andererseits – Basel ist eine Stadt mit vielen Gesichtern, ebenso wie die Basler ein ganz besonderes Volk sind. Der „Bebbi", der Basler, gilt als ebenso weltoffen wie zurückhaltend, als spöttischer Zeitgenosse mit trockenem Humor und manchmal als schwer verständlich – andere Schweizer haben übrigens genauso ihre Verständnisprobleme wie deutsche Besucher.

Das Antlitz der Metropole

Es war der römische Geschichtsschreiber Ammianus Marcellinus, der im Jahr 374 erstmals von Basilia berichtete. Doch Basel ist viel älter und blickt voller Stolz auf über 2000 Jahre Geschichte im Herzen Europas zurück. Die Regio Basiliensis, der Großraum Basel, ist bis heute international geprägt, breitet sich als Zugangstor in die Schweiz im Dreiländereck aus, in direkter Nachbarschaft zu Frankreich und Deutschland. Basel ist deshalb wie Genf keine typisch schweizerische Stadt, sondern eine trinationale Großstadt. Die Lage am Knotenpunkt verschiedener politischer und sprachlicher Regionen sowie die Geografie am Rheinknie machten Basel schon im Mittelalter nicht nur zum Verkehrsknotenpunkt, sondern auch zum Vermittler zwischen Nord und Süd.

Umgeben von den Gebirgszügen des Jura, der Vogesen und des Schwarzwalds fällt rings um die Stadt **viel Grün** *ins Auge. Doch auch im eigentlichen Stadtgebiet prägen Wälder, Parks, aber auch große parkartige Friedhofsareale das Bild und machen zusammen immerhin 14,3 % der Gesamtfläche des Gemeindegebiets aus. Die Lage in der Rheinsenke sorgt zudem nicht nur für ein angenehm mildes Klima, der* **Rhein** *trägt auch erheblich zur Basler Lebensqualität bei. Inzwischen ist der Strom wieder so sauber, dass im Sommer das beliebte Rheinschwimmen keine Gefahr mehr darstellt und über zwanzig Fischarten in den Fluten zu finden sind.*

Der Kanton Basel-Stadt zählt knapp 190.000 Einwohner, wobei die Zahlen seit einigen Jahrzehnten eher rückläufig sind. Kein Wunder: Das Leben jenseits des Stadtrands ist billiger. Auf den 37 km² Stadtgebiet selbst leben etwa 167.000 Menschen – Riehen und Bettingen

Der Kanton Basel-Stadt

Die Stadtgemeinde Basel besteht aus zwei Teilen, Gross- und Kleinbasel – „Grooss- und Glai-Basel", wie es der Einheimische nennt. Grossbasel erstreckt sich entlang dem Rhein-Südufer und ist in West und Ost unterteilt. Kleinbasel liegt dagegen auf der rechten (nördlichen) Rheinseite und wird durch mehrere Brücken, allen voran durch die historische Mittlere Rheinbrücke, sowie vier alte Fähren mit Grossbasel verbunden. Östlich an Kleinbasel schließt sich die Gemeinde Riehen und daran wiederum Bettingen an. Diese vier Gemeinden zusammen bilden den Kanton Basel-Stadt, als „BS" am Autokennzeichen zu erkennen.

Am Puls der Stadt
Das Antlitz der Metropole

sind eigene Gemeinden –, was Basel nach Zürich und Genf immerhin zur drittgrößten Stadt der Schweiz macht. Der Ausländeranteil beträgt rund 29 %, unter den Jugendlichen sind sogar um die 40 % ohne Schweizer Pass – Basel ist also auch eine **multikulturelle Stadt.**

Seit 1833 sind der Kanton Basel-Stadt und der Kanton Basel-Landschaft getrennt. In Basel-Biet, wie man den Kanton Basel-Landschaft auch nennt, leben etwa 275.000 Menschen. Zusammen mit Basel-Stadt gehört diese Region mit 460.000 Bewohnern zu den **dichtbesiedeldsten Ecken der Schweiz.** 915.000 Menschen leben im Großraum, zu dem auch Teile von Deutschland und Frankreich gehören.

Für den **Verkehrsanschluss** nach Frankreich, Deutschland und in die Restschweiz sorgen die beiden Bahnhöfe rechts und links des Rheins, ein Autobahn-Knotenpunkt und der internationale Flughafen „EuroAirport Basel-Mulhouse-Freiburg", der nur 15 Minuten vom Stadtzentrum entfernt

▲ *Blick vom Turm von St. Elisabethen Richtung Nordwesten*

bereits auf französischem Territorium liegt.

Basel ist mehr als nur Sitz großer Chemie- und Pharmaindustrieunternehmen wie Novartis, der Zusammenschluss von Sandoz – jener Firma, die 1986 den schlimmen Chemieunfall verursacht hatte – und Ciba-Geigy, oder Hofmann-La Roche. Basel ist auch eine **Banken- und Kulturstadt** sowie Sitz der ältesten Uni der Schweiz. Nicht nur die Altstadt ist sehenswert, auch in Sachen moderner Architektur – vor etwa 25 Jahren durch den damaligen Bürgermeister Karl Fingerhut initiiert – kann sich Basel sehen lassen. Theater von internationaler Bedeutung und unzählige Kleinbühnen gehören neben etwa 30 Museen ebenfalls zu den kulturellen Stützen der Stadt.

Als Folge des Kirchenkonzils 1431–1448 war 1460 nicht nur die Universität gegründet worden, es kam auch zu einem Aufschwung in Papierherstellung, **Druckgewerbe und Verlagswesen.** Seit 1460 werden in Basel Bücher gedruckt und der 1488 gegründete Verlag Johannes Petri (heute Schwabe & Co.) ist das älteste noch bestehende Druck- und Verlagshaus der Schweiz. 1514 zog deshalb

„Z'Basel an mim Rhi, jo dört möcht i si!"

Genf und Zürich haben ihre Seen, Basel hat seinen Rhein und den haben die Basler fest ins Herz geschlossen. Der Rhein ist nicht nur Reise- und Handelsweg, er ist Spielwiese und Schwimmbad in einem - und das Kleinbasler Rheinbord, das befestigte rechte Ufer, ist der beliebteste öffentliche Platz der Stadt: Bühne, Treff, Festplatz und Sonnenstudio in einem.

Kein Wunder, dass gleich in der ersten Zeile der Basler Stadthymne der Rhein vorkommt. Gedichtet hat die Zeilen der Basler Poet Johann Peter Hebel (1760-1826), die Musik soll Franz Abt komponiert haben. Doch erst J. J. Schüblins Version von 1884 machte das Lied populär und noch heute kann es jedes Basler Kind singen.

1986 war es der Rhein, ihr geliebter „Rossbollemississippi", der den Baslern die Augen öffnete. Nachdem eine Lagerhalle der Chemiefirma Sandoz in Flammen aufgegangen und der Fluss mit Pestiziden verunreinigt worden war, begann man, sich verstärkt mit dem Thema Umweltschutz zu befassen. Sanierungen, Schutzmaßnahmen, Renaturierungen und infrastrukturelle Maßnahmen wurden fortan forciert. Erste Erfolge sind zu verbuchen: Über 20 Fischarten tummeln sich wieder im Rhein und mit dem Programm „Lachs 2000" hofft man, einen der ältesten „Rheinschwimmer" wieder anzusiedeln. Deshalb haben auch die Fischergalgen beidseits des Rheinbords keinen rein dekorativen Zweck. Diese kleinen Häuschen, von denen aus die Netze ins Wasser gelassen werden, ersetzten nach 1900 die Salmenwaagen - eine Vorrichtung, mit der Lachse gefangen wurden.

Auch die Basler tummeln sich wieder in den grünblauen Fluten. Im Sommer springen in der Mittagspause selbst Büroangestellte in den Rhein, um sich kurz zu erfrischen. Und das berühmte Rheinschwimmen „dr Bach ab" Mitte August lockt unzählige Teilnehmer an, selbst aus dem Ausland. Auch das Wasserfahren macht nur wieder Spaß. Dabei stochert man ein doppelwandiges Boot mit einem langen Stab mühsam gegen die Strömung flussaufwärts am Ufer entlang. Inzwischen beteiligen sich mehr und mehr Basler, nicht nur Fischer und Mitglieder der Wasserfahrvereine, am Rhyputzete, am Reinigen des Flusses und der Uferpromenaden von Schmutz und Unrat - getreu dem Leitspruch „Dem Wasser zum Trutz, dem Nächsten zum Schutz!"

Obwohl längst mehrere Rheinbrücken Gross- und Kleinbasel miteinander verbinden, sind die vier historischen Zugseilfähren (siehe Exkurs „Verzell du das em Fährima") immer noch eine beliebte Art und Weise, den Fluss zu überqueren. Bis zum Bau der sogenannten Mittleren Brücke [H7, 1225 waren diese (heute rekonstruierten) Fähren die einzige Möglichkeit, über den Fluss zu setzen. Diese Brücke dann, aus Holz gebaut, begünstigte die Entwicklung Basels zum wichtigen Handels- und Messeplatz. 1903 wurde die Brücke in Stein errichtet und in dieser Form ist sie bis heute - nach mehreren Renovierungen - zu bewundern. Mitten auf der Brücke steht das

▶ *Die älteste Brücke Basels: die Mittlere Brücke [H7-H8]*

Am Puls der Stadt
Das Antlitz der Metropole

Käppelijoch, eine kleine Kapelle, an der einst Ehebrecherinnen gefesselt in den Rhein „geschwemmt" wurden ...

Erst 1879 wurde mit der Wettsteinbrücke [18] etwas weiter flussaufwärts, benannt nach einem früheren Bürgermeister, eine zweite Brücke errichtet. Sie wurde 1936-1939 verbreitert und 1991 durch einen Neubau von Bischoff und Rüegg - statt wie geplant vom Stadtarchitekten Santiago Calatrava - ersetzt. 1880-1882 entstand ein Stück flussabwärts von der Mittleren Brücke die Johanniterbrücke [G6], die mit der Umgestaltung der St.-Johanns-Vorstadt 85 Jahre später erneuert wurde. 1932 folgte dann die Dreirosenbrücke [G5] am nördlichen Stadtrand, die 1997-2004 durch eine doppelstöckige Zwillingsbrücke ersetzt wurde.

Am östlichen Stadtrand quert schließlich seit dem späten 19. Jh. die Eisenbahn- und Schwarzwaldbrücke [M8] den Fluss und verbindet die Schweizer Autobahn A2 mit dem deutschen Autobahnnetz. Die jetzige Konstruktion stammt von 1970. Flussabwärts, am nördlichen Stadtrand und jenseits der Dreirosenbrücke, beginnt der Rheinhafen Kleinhüningen ❽, der größte Binnenhafen der Schweiz.

auch Erasmus von Rotterdam nach Basel, er lebte dort bis 1529 und veröffentlichte unter anderem eine kritische Edition des griechischen Neuen Testaments (1516). Calvins „Christianae religionis institutio" (1536) und andere große Werke folgten. Noch heute sind mehr als 15 Buchverlage wie Birkhäuser, Christoph Merian Verlag, GS-Verlag, Karger Verlag, Lenos Verlag, Friedrich Reinhardt Verlag, Verlag Schwabe & Co. in Basel ansässig.

Außer dem erwähnten Humanisten Erasmus von Rotterdam (1465, 1466 o. 1469-1536) waren etliche weitere **bekannte Persönlichkeiten** in Basel zu Hause. Ihre Namen dienen seit Ende der 1970er-Jahre zur Benennung der fünf offiziellen, markierten Altstadtrundgänge. Außer Erasmus sind das der Kunsthistoriker Jakob Burckhardt (1818-1897), Paracelsus (1493-1541, Arzt und Dozent), Thomas Platter (1499-1582), der erste Rektor der Basler Lateinschule, und Hans Holbein d. J. (1497 oder 1498-1543), ein Maler aus Augsburg, der zeitweilig in Basel lebte. Auch der Staatsmann Johann Rudolf Wettstein (1594-1666), der Dichter Johann Peter Hebel (1760-1826) und Friedrich Nietzsche (1844-1900) sind eng mit Basel verbunden.

Schon aus dem Mittelalter - die Herbstmesse findet seit 1471 statt - rührt der Ruf Basels als **Messestadt**. Inzwischen ist im rechtsrheinischen Basel, zwischen Kleinbasel und Badischem Bahnhof, eine eigene Messestadt entstanden, deren zentraler Platz in den nächsten Jahren eine spektakuläre architektonische Umgestaltung durch Herzog & de Meuron erfahren soll. Mit der Kunstmesse Art Basel (mit Ableger in Miami) und der Messe für Uhren und Schmuck

Das Antlitz der Metropole

finden hier weltbekannte Ausstellungen statt. Insgesamt werden rund 20 Messen pro Jahr in Basel abgehalten, wobei die von rund einer Million Menschen besuchte „Herbstmesse" heute vor allem ein Rummel und Jahrmarkt ist. Die Basler haben ein Faible für Messen und Märkte und neben den offiziellen Veranstaltungen gibt es Stadtmarkt, Flohmärkte, Neuwarenmärkte und den bekannten Weihnachtsmarkt.

Dank der 1460 gegründeten Universität und ihren derzeit gut 10.000 Studenten ist Basel eine junge, bunte und lebhafte Stadt, zugleich aber als einstige Arbeiterstadt auch eine Fußballstadt (siehe „Rot isch unseri Liebi, Blau die ewigi Treui!"). Man betrachtet sich selbst gern als **„Weltstadt im Taschenformat"** und in der Tat handelt es sich um eine „Vielvölkerstadt". Allein in Kleinbasel sollen Menschen aus über hundert Nationen zu Hause sein. Kein Wunder, dass Basel **als sehr tolerant gilt**. Das zeigt sich auch am offiziellen Umgang mit dem Thema Homosexualität: Seit 1.1.2007 gilt ein neues Partnerschaftsgesetz, das es lesbischen und schwulen Paaren ermöglicht, ihre Partnerschaft eintragen zu lassen, und sie in Steuer-, Rechts- und Erbangelegenheiten mit Ehepaaren gleichstellt. Bereits im Juni 2006 hatte die Synode der evangelisch-reformierten Kirche Basel-Stadt eine neue Gottesdienstordnung erlassen, die Gottes Segen auch schwulen und lesbischen Paaren zugesteht. Die Offene Kirche Elisabethen gilt als lesbisch-schwule Basiskirche Basels. Und doch sind in Basel überraschenderweise fast 40% der Bevölkerung konfessionslos, gut 23% protestantisch und „nur" 19% katholisch.

Die Basler, die sich selbst auch scherzhaft als „Beppi" bezeichnen, besitzen eine **besondere Mentalität**: Sie gelten im Rest der Schweiz als spröde-spöttisch, mit trockenem Humor, als geistreich und verschroben, aber auch als selbstbewusst und manchmal etwas arrogant. Das brachte der hier lebende Schriftsteller Rolf Hochhuth auf den Punkt: „Britisches Understatement ist, gemessen am baslerischen, noch Größenwahn." Die Basler sind anders, wie ihre Stadt an-

Am Puls der Stadt
Das Antlitz der Metropole

ders, liebens- und lebenswerter ist. Der lokale Pianist, Komponist und bekannte Jazzmusiker George Gruntz äußerte einmal hierzu: „Bei den Mittelmäßigen bin ich nicht daheim. Wohl aber in Basel!"

Mögen die Basler auch misstrauisch gegenüber Fremden erscheinen, das bunte Völkergemisch in der Stadt beweist Toleranz und zeigt, dass die Misstrauen meist nur den Bewohnern von der Limmat, also den Zürchern gilt. Die Basler haben aber auch den Ruf, **besonders gelassen** – heute würde man sagen „cool" – zu sein. Kritiker behaupten, sie seien einfach etwas langsam, aber immerhin kaum aggressiv und stets zuvorkommend. Ob das der Grund dafür ist, dass es in Basel so wenige Verkehrsampeln gibt, dafür aber unzählige Zebrastreifen? Und dass keiner die Ruhe verliert, obwohl das *Drämmli* (die Tram, d. h. die Straßenbahn) immer Vorrang hat vor dem Autoverkehr? Nein, man lässt sich nicht leicht aus der Ruhe bringen – außer während der Basler Fasnacht und wenn der FC Basel spielt.

▲ *Beschauliches Leben in Basel*

Mit ihrem markanten **Dialekt**, der dem Elsässischen und Südbadischen ähnelt und den eine Vorliebe an Verkleinerungen mit „-li" auszeichnet – wie „Drämmli" für Straßenbahn oder „Joggeli" für das St.-Jakob-Stadion –, hat auch so mancher Eidgenosse seine Probleme. Obwohl sich andernorts die Mundarten mehr und mehr vermischen, wiedersetzt sich das **Baseldeutsch** *(Baseldytsch)* wie nur wenige andere Schweizer Dialekte, z. B. Berndytsch oder Bündnerdütsch, dieser Vereinheitlichung. Gerade während der Fasnacht erlebt das Baseldytsch bei Schnitzelbänken und Fasnachtszetteln seinen Höhepunkt. Eine spezielle Ausprägung ist die **Höschsprache** *(Gnullerisprooch),* die etwa 1930–1955 im Basler Arbeitermilieu entstand und in die Ausdrücke aus dem Soldaten- und internationalen Gaunerjargon mit einflossen.

Obwohl das Schweizer Schulsystem (Gesamtschule) nur in den ersten beiden (Vorschul-)Klassen Schwyzerdytsch als Unterrichtssprache vorsieht, dann aber Hochdeutsch gesprochen wird, hat sich der Dialekt überall erhalten. Je nach Kanton wird in der Schule zudem als zweite Sprache meist Französisch, dann erst Englisch gelehrt – Ausnahme ist Zürich mit Englisch als zweiter Sprache.

Abschließend soll der Basler Autor Rudolf Moosbrugger das Wort haben, der als Kenner der Mentalität seiner Mitbürger behauptete: „Ein Basler ist etwas Besonderes und ist sich dessen auch bewusst, was ihn gleichzeitig zu einer gewissen Zurückhaltung zwingt ... Es bereitet dem Basler keine Mühe, bald überdrehter Kelte, bald scheinzivilisierter Romane, bald eigensinniger Alemanne zu sein."

Von den Anfängen bis zur Gegenwart

Es war im späten 2. Jh. v. Chr., da befanden einige keltische Familien, dass dieser Hügel, vor Überschwemmungen geschützt über dem malerischen Rheinknie und dichten Wäldern gelegen, ein idealer Siedlungsplatz sei. Mit dem Bau der ersten Holzhütten durch die Kelten beginnt die Zeitrechnung der Stadt Basel.

Jeder, der in der Schule einmal mit Latein konfrontiert war und Caesars De bello Gallico lesen musste, weiß, was später kam: Um 44 v. Chr. entstand vor den Toren des heutigen Basel eine römische Siedlung und um 15 v. Chr. über den Ruinen des aufgegebenen keltischen Weilers ein kleines römisches Militärlager. Während der römischen Herrschaft blühte die Region um die östlich von Basel gegründete **Metropole Augusta Raurica** auf und der Name „Basilia" wird erstmals überliefert.

Woher kam dieser Name? Er könnte sich vom griechischen Wort *basileus,* zu Deutsch König, ableiten, wie Papst Pius II. meinte und was der Mentalität der Basler durchaus entgegenkäme. Neben „Basilia" tauchten im Laufe der Zeit Abwandlungen wie „Basiliensis", „Basilea" oder „Basila" auf. Der Wortstamm *Basil* ist nach neueren philologischen Untersuchungen im keltischen Sprachraum des Öfteren bei Orts- und Personennamen anzutreffen. Was er jedoch bedeutet, weiß man bis heute nicht genau. Vielleicht ist Basel also doch „königlich"?

Als sich die römischen Besatzer nach 400 zurückzogen, gesellten sich zu den hier lebenden Menschen Alemannen und Franken und der Ort wurde Teil des Burgunderreiches. **Katastrophen** blieben im weiteren Laufe der Geschichte jedoch nicht aus: die Zerstörung durch Reiter aus dem Osten 917, Pestepidemien 1348/49 und 1439, das Erdbeben am 18. Oktober 1356 oder der Stadtbrand von 1417. Und dennoch konnten solche Rückschläge den Aufstieg des Ortes am Rheinknie nicht aufhalten.

Drei der einschneidendsten Ereignisse für die Stadtentwicklung waren der **Bau der ersten Rheinbrücke** 1225/1226, das **Kirchenkonzil** von 1431 bis 1448 und die **Erteilung des Messerechts** 1471. Die Rheinbrücke und das Messerecht machten Basel zur Handelsstadt, das Kirchenkonzil sorgte für das Aufkommen von Papierindustrie und Buchdruck und führte zur Gründung der ältesten Universität der Schweiz im Jahr 1460.

Weitere wichtige Stationen in der Stadtgeschichte waren der **Beitritt zur Eidgenossenschaft** 1501 sowie die Einführung der **Reformation** 1529. Im 16. Jh. entwickelte sich Basel zu einem Zentrum des Humanismus, angeführt von Denkern wie Erasmus von Rotterdam oder Ulrich Zwingli, der hier studierte und mit Erasmus in engem Kontakt stand.

Die Ursprünge der heute weltweit bekannten Pharma- und Chemiekonzerne in Basel reichen teilweise ebenfalls in dieses geistige Umfeld zurück. Als religiöser Zufluchtsort bekannt, zogen ab dem 17. Jh. verstärkt andernorts vertriebene Protestanten hier-

▶ *Reste der alten Stadtmauer finden sich in der St.-Alban-Vorstadt*

Am Puls der Stadt
Von den Anfängen bis zur Gegenwart

her, darunter waren auch die Seidenbandfabrikanten Sarasin im 19. Jh. Die **Seidenbandfabrikation** wurde in der Folge zu einem der wichtigen Wirtschaftszweige der Stadt. Und als zur Herstellung weiterer Farben für diese Bänder ab 1850 künstliche Farben erfunden wurden, läutete dies den **Beginn der chemischen Industrie** in Basel ein.

Im Laufe des späten 19. Jh. war aus der befestigten mittelalterlichen Handels- und Messestadt eine **moderne Industriestadt** geworden. Die Arbeiter gingen in Basel immer wieder für ihre Rechte auf die Straße. Unternehmer und Kaufleute sorgten dafür, dass Basel ein Gesicht bekam und zur **Kunst- und Kulturstadt** wurde. Zugleich regten sie die Stadt dazu an, ihren Beitrag hierzu zu leisten: 1919 führte man den staatlichen Kunstkredit ein und finanzierte damit Künstler und Kunst.

Stadtgeschichte auf einen Blick

Um 120 v. Chr. Entstehung einer keltischen Siedlung am Rheinufer, um 80 v. Chr. folgt eine weitere auf dem Münsterhügel.

44/43 v. Chr. Gründung von Colonia Raurica, später in Augusta Raurica (das heutige Augst) umbenannt.

15. v. Chr. Bau eines römischen Militärlagers auf dem Münsterhügel.

374 n. Chr. Erstmalige Erwähnung des Namens „Basilia" durch den römischen Historiker Ammianus Marcellinus.

Um 400 Das römische Militär zieht sich zurück, das Ende der römischen Herrschaft ist gekommen.

Um 500 Alemannen siedeln sich an, um 550 kommen Franken dazu.

Um 620 Erstmals wird ein Bischof von Augst und Basel erwähnt.

890 bis 1006 Basel ist Teil des Königreichs von Burgund.

Am Puls der Stadt
Von den Anfängen bis zur Gegenwart

917 Die Stadt und das karolingische Münster werden bei einem Raubzug ungarischer Reiterstämme zerstört.

1006 Kaiser Heinrich II. nimmt Basel als Pfand für den späteren Anschluss von Burgund an das Heilige Römische Reich. Der Wiederaufbau beginnt.

1019 Weihe des von Heinrich II. gestifteten Münsters.

1072–1107 Entstehung der ersten Stadtbefestigung.

Um 1200 Eine zweite Stadtmauer wird errichtet, der sogenannte „Innere Ring". Reste davon gibt es noch an der Unterführung am Theater Richtung Barfi.

1225/26 Die erste Rheinbrücke – heute Mittlere Rheinbrücke – wird erbaut und in der Folge entsteht auf der rechten Uferseite Kleinbasel als Zusammenschluss zweier ehemaliger Fischerdörfer.

1252 Mit Ritter Heinrich von Steinlin wird erstmals ein Basler Bürgermeister urkundlich erwähnt.

1348/49 Erste Pestepidemie und Judenprogrom.

18. Oktober 1356 Ein starkes Erdbeben und ein anschließender Großbrand zerstören die Stadt. Der Wiederaufbau erfolgt rasch.

1362–1398 Eine neue Stadtmauer um Gross- und Kleinbasel entsteht.

1392 Basel erwirbt von Bischof Friedrich von Blankenheim Kleinbasel.

1417 Ein Brand zerstört große Teile Basels.

1439 Eine weitere Pestepidemie fordert Tausende Tote.

1431–1448 Das 17. Konzil tagt in Basel. Dieses einschneidende Ereignis bewirkt, dass in Basel erstmals Papier produziert wird. Schon bald gilt das Basler Stabpapier als das beste in Europa. Drucker und Gelehrte kommen nach Basel und

1460 wird die erste Schweizer Uni gegründet.

1444 Ein eidgenössisches Kontingent besiegt in der Schlacht bei St. Jakob, vor den Toren Basels, ein übermächtiges französisches Söldnerheer.

Um 1468 Man beginnt, in Basel Bücher zu drucken.

1471 Kaiser Friedrich III. erteilt Basel das Recht, jährlich zwei Messen abzuhalten, und legt damit die Basis für die Messestadt Basel.

13. Juli 1501 Basel wird als 11. Ort in die Eidgenossenschaft aufgenommen.

1529 Auf Druck der Zünfte schließt sich Basel dem neuen Glauben, der Reformation, an. Klöster und Kirchen werden aufgelöst oder reformiert.

1646/47 Der Basler Bürgermeister Johann Rudolf Wettstein nimmt am Friedenskongress in Westfalen teil. Im Friedensvertrag von 1648 wird die Unabhängigkeit der Eidgenossenschaft vom Heiligen Römischen Reich anerkannt. Basel verliert zwar den Status als freie Reichsstadt, wird jedoch selbstständiger Kanton.

1798 Die „Basler Revolution" sorgt für eine Gleichstellung zwischen Basel-Land und Basel-Stadt. Dennoch erfolgt 1833

◀ *1501 trat Basel der Eidgenossenschaft bei*

▶ *Auf die römischen Wurzeln der Stadt stößt man in Augusta Raurica* ③

die Trennung des Kantons Basel in die beiden Halbkantone Basel-Stadt und Basel-Land.

1844 Basel erhält als erster Ort in der Schweiz einen Eisenbahnanschluss (Linie Basel–Strassburg).

1859 Die Stadtmauer wird abgerissen und neue Viertel entstehen um die Altstadt. Im gleichen Jahr legt A. Clavel mit der Fabrikation des Farbstoffs Fuchsin die Basis für Basels chemisch-pharmazeutische Industrie.

1875 Eine neue, moderne Verfassung wird angenommen.

1886 E. Sandoz und A. Kern gründen eine chemische Fabrik zur Herstellung von Anilinfarben (ab 1893: Sandoz & Co.). 1892 folgt M. C. Traib mit einer chemischen Fabrik, die ab 1896 in Hoffmann-La Roche umbenannt wird.

1893 Gründung des Fußballklubs FC Basel.

1895 Die erste elektrische Straßenbahnlinie wird in Betrieb genommen.

1904 Beginn der modernen Rheinschifffahrt bis Basel.

Sommer 1919 Ein Generalstreik sorgt für Unruhen mit Todesopfern in Kleinbasel.

1919 Die Künstler- und Kunstförderung durch den staatlichen Kunstkredit beginnt.

1946 Eröffnung des binationalen Flughafens Basel-Mulhouse.

1958 Als erste Gemeinden in der Schweiz führen Riehen und die Bürgergemeinde Basel das Frauenstimmrecht ein. 1966 wird es im ganzen Kanton Basel-Stadt übernommen.

1971 Anschluss Basels an das InterCity-Netz der Deutschen Bundesbahn.

1977 Fusion von National Zeitung und Basler Nachrichten zur Basler Zeitung (BAZ).

1. November 1986 Ein Brand im Pestizidlager der damaligen Sandoz AG löst eine Umweltkatastrophe am Oberrhein aus.

1996 Fusion der beiden Chemieunternehmen Ciba Geigy und Sandoz zum neuen Großkonzern Novartis.

1997 Zusammenschluss des Schweizerischen Bankvereins und der Schweizerischen Bankgesellschaft zur UBS (Sitz in Zürich und Basel).

2007 Basel wird an das französische TGV-Netz angeschlossen.

Juni 2008 Basel ist neben Wien der zentrale Austragungsort der Fußball-Europameisterschaft.

2010 feiert die Universität Basel ihren 550. Geburtstag und ist damit die älteste Universität der Schweiz.

Leben in Basel

Politik in Basel-Stadt

Die Schweiz wird gerne als „Willensnation" bezeichnet, da sie weder ethnisch noch sprachlich noch religiös eine Einheit bildet. Sie ist seit 1848 ein föderalistischer Bundesstaat, hervorgegangen aus dem Zusammenschluss von verschiedenen Kantonen, und verfügt über drei politische Ebenen: Bund, Kantone und Gemeinden. Der **Bund** – auch als **Eidgenossenschaft** bezeichnet – ist zum Beispiel für Außen- und Sicherheitspolitik sowie für das Zoll- und Geldwesen zuständig. Die meisten innenpo-

litischen Angelegenheiten obliegen hingegen den Kantonen und Gemeinden. Seit 1978 besteht die Schweiz aus **26 Kantonen,** wobei drei der Kantone (Unterwalden, Appenzell und Basel) geschichtlich bedingt je zwei Halbkantone stellen.

Basel trat 1501 der Eidgenossenschaft bei, damals waren Stadt und Land noch eine Einheit. 1833 erfolgte die **Teilung in Basel-Stadt und Basel-Landschaft,** wobei in Basel-Stadt Exekutive und Legislative von Kanton und Gemeinde identisch sind. Der **Große Rat,** die Legislative, fungiert also gleichzeitig sowohl als Parlament des Kantons Basel-Stadt als auch als Stadtrat der Stadt Basel. Mit seinen 100 Mitgliedern ist der Große Rat zuständig für die Gesetzgebung und die Aufsicht über Verwaltung und Gerichte. Jährlich wird aus ihrer Mitte ein(e) PräsidentIn bzw. ein(e) StatthalterIn gewählt. Insgesamt sind dem Großen Rat 14 ständige Kommissionen unterstellt, darunter das Ratsbüro, zwei Aufsichtskommissionen, sieben Sach-, vier ständige und einige Spezialkommissionen.

Geprägt ist der Große Rat in der einstigen **Arbeiterstadt Basel** traditionell von der **SP,** der Sozialdemokratischen Partei (2004: 46 Sitze). Dahinter liegen abgeschlagen die **FDP** (Freisinnig-Demokratische Partei) mit 19, das **Grüne Bündnis** mit 16 und die **SVP** (Schweizerische Volkspartei) mit 14 Sitzen.

Der **Regierungsrat** ist die Exekutive des Kantons Basel-Stadt und damit auch der Stadt Basel. Sieben gleichberechtigte Mitglieder werden für eine Amtszeit von vier Jahren vom Volk gewählt. Der Präsident bzw. die Präsidentin des Regierungsrates hingegen wird turnusgemäß für ein Jahr vom Großen Rat gewählt.

1966 hat Basel als erster Deutschschweizer Kanton das **Frauenstimmrecht** eingeführt und auch beim Frauenanteil im Großen Rat ist Basel mit 36 % (47 Frauen) in der ganzen Schweiz führend.

Auch das Volk kann direkt in den politischen Entscheidungsprozess eingreifen. Mit 3000 Unterschriften ist es möglich, eine **Volksinitiative** in den Regierungsrat einzubringen. Die-

ser wiederum muss die Initiative als Ratschlag an den Großen Rat weiterreichen. Im Großen Rat werden dann alle Vorlagen, egal ob direkt vom Volk, von der Verwaltung oder aus den eigenen Reihen, behandelt und verabschiedet.

Die Stadt gliedert sich in **Grossbasel West**, **Grossbasel Ost** und **Kleinbasel**. Zum Kanton Basel-Stadt gehören zudem noch die beiden „Landgemeinden" **Riehen** und **Bettingen**. Das Stadtgebiet selbst ist wiederum in 19 Quartiere gegliedert.

Die Stadt Basel verfügt über keine eigenen Behörden, da ihre Aufgaben durch den Regierungsrat, den Großen Rat sowie die Kantonsverwaltung wahrgenommen werden. Außerdem wählt die Einwohnerschaft Basels seit 1876 die sogenannte **Bürgergemeinde**, die vor allem soziale Aufgaben erfüllt und unter anderem die Aufsicht über die Merian Stiftung (eine 1857 gegründete gemeinnützige Stiftung aus dem Vermögen des Großkaufmanns Christoph Merian) innehat sowie die Basler Zünfte und Gesellschaften führt.

Die Regio Basiliensis

Der Kanton Basel-Stadt ist mit dem Kanton Basel-Landschaft verwaltungstechnisch eng verbunden, z. B. als „Regierung beider Basel" im Rathaus. Darüber hinaus besteht eine Zusammenarbeit mit anderen benachbarten Nordwestschweizer Kantonen wie Solothurn, Aargau, Jura und Bern. Wegen der Lage Basels im Dreiländereck gibt es jedoch auch **Kontakte über die Landesgrenzen hinweg.** Seit 1963 existiert die **Regio Basiliensis**, die grenzüberschreitend das deutsch-französisch-schweizerische Umland zusammenfasst. Die Region zwischen den Vogesen im Westen, dem Schwarzwald im Osten und dem Jura im Süden bildet nicht nur einen homogenen Naturraum, sie ist auch Teil der großen **EuroRegion Oberrhein** zwischen Basel, Straßburg und Karlsruhe.

Der südliche Teil der EuroRegion, die **RegioTriRhena**, zieht sich von Colmar und Freiburg bis Basel. Den südlichen Abschnitt bildet hier schließlich die Regio Basiliensis. Das „Dreiland" war trotz wechselnder Landesgrenzen **stets eine Einheit.** Prägend ist für das Dreiländereck der charakteristische **alemannische Dialekt.** Auch im künstlerischen und wirtschaftlichen Bereich gab und gibt es enge Verbindungen. Das erkennt man schon an der optischen Ähnlichkeit, die zwischen den Münstern in Basel, Freiburg und Colmar besteht. Und zwischen dem 15. und 17. Jh. gab es im sogenannten „Rappenmünzbund", dem Zusammenschluss

◀ *Blick in den Innenhof des Basler Rathauses* ❺

Am Puls der Stadt
Leben in Basel

der oberrheinischen Städte, sogar eine gemeinsame Währung.

Seit Gründung der Regio Basiliensis sind inzwischen mehr als 100 länderübergreifende Projekte in Angriff genommen worden. Darunter herausragend ist der **EuroAirport Basel-Mulhouse-Freiburg**. Es gibt überdies eine regionale S-Bahn, gemeinsame Klimaprojekte – und die Universitäten der Region haben sich zur EUCOR (Europäische Konföderation der Universitäten am Oberrhein) zusammengeschlossen. Auch Touristen profitieren insofern von der Regio Basiliensis, als dass es einen **länderübergreifenden Museumspass** gibt.

Basler Allerlei

Man stößt überall auf ihn, den **Baselstab**. Das Wappen von Basel-Stadt (BS) und Basel-Landschaft (BL) ist eine stilisierte Nachbildung eines Bischofsstabs. Während er in der Stadt schwarz ist, hat das Land die rote Farbe gewählt. Auch Ausrichtung (BL nach rechts, BS nach links) und Gestaltung (BL mit sieben „Krabben" oder Noppen, BS glatt) unterscheiden sich. Bereits um 1000 ist er als Hoheitsabzeichen der Bischöfe von Basel überliefert und spätestens im 14. Jh. hat das Stadtwappen seine jetzige Form erhalten. Papst Julius II. bestätigte es 1512, als er als Dank für eidgenössische Hilfe der Stadt das Privileg erteilte, künftig einen goldenen Baselstab im Wappen führen zu dürfen. Dieser Baselstab soll Zauberkräfte haben, da er angeblich auf den Mosesstab zurückgeht und Moses damit nach dem Alten Testament viele Wunder bewirkt haben soll. Das heutige Design des Stabs geht übrigens auf einen Wettbewerb im Jahr 1976 zurück.

Vom **Basilisken** war schon weiter oben die Rede (siehe Exkurs „Der Basilisk – vom Ungeheuer zum Haustier"). Das Basler Fabelwesen – ein Hahn mit Adlerschnabel, Drachenflügeln und Eidechsenschwanz – taucht überall in der Stadt auf. Auch den **Lällekönig** sieht man des Öfteren. Das Original, ein aus Kupferblech getriebener Kopf (heute im Historischen Museum ❽), stand einst am Grossbasler Rheintor an der Mittleren Brücke. Er konnte dank einer ausgeklügelten Mechanik die Augen verdrehen und die Zunge – *Lälli* genannt – herausstrecken. Eine Kopie befindet sich über dem Eingang des Restaurants Lällekönig an der Mittleren Brücke auf Grossbasler Seite.

◀ *Basler Wahrzeichen: der Lällekönig an der Mittleren Brücke [H7]*

Am Puls der Stadt
Leben in Basel

Wir wollen „Unser Bier"!

Auch in der Schweiz stellen sich Kleinbrauereien (immerhin schon über 100) gegen die Massenbiere der Großbrauereien. 1974 gründete Hans Jakob Nidecker eine Hausbrauerei und seither wird sein Ueli-Bier, das für viele Basler zum Kultgetränk geworden ist, in der Fischerstube (s. S. 30) ausgeschenkt. Dunkles, Lager, Weizen oder saisonale Biere schmecken frisch gezapft mit den Leckereien des Gasthauses wie Biersuppe oder Ueli-Bierwurst am besten.

Als in den 1990ern die letzte Basler Brauerei Warteck vom Schweizer Marktführer Feldschlösschen aufgekauft wurde, platzte einer Gruppe Basler Bierfreunde der Kragen. Als erfahrene Hobbybrauer gründeten sie 1997 kurzerhand ihre eigene Brauerei und nannten sie vielsagend „Unser Bier". Nach bescheidenen Anfängen braut man inzwischen über 5000 hl Bier im Jahr und gilt als größte Brauerei Basels. Inzwischen wird das Bier auch in Flaschen abgefüllt und seit man mit COOP und Manor kooperiert, kann man nicht nur in Lokalen wie eo ipso (s. S. 34), in der Kaserne (s. S. 37) oder im Unternehmen Mitte (s. S. 38) Unser Bier bestellen, sondern es auch in Supermärkten in und um Basel kaufen.

Der Traum der Gründer, mit Unser Bier eine Basler Volksbrauerei zu gründen, hat sich mehr als erfüllt. Inzwischen bilden über 7300 Aktionäre das Rückgrat des Unternehmens – und die Warteliste auf eine Aktie ist lang. Im März 2010 ist man auf das Gundeldinger Feld umgezogen und dank eigener Abfüllanlage nun die einzige Brauerei, die allein in Basel braut und abfüllt. Hier wird es auch eine neue Kneipe mit Biergarten geben.

Unser Bier hat sich inzwischen weit über Basel hinaus mit unfiltriertem Biobier einen Namen gemacht. Dabei ist dem Unternehmen das Biosiegel weniger wichtig als die Regionalität der Rohstoffe. So stammen Biomalz und Biohefe aus dem Süden Deutschlands, das Wasser aus Basel und der Biohopfen aus Solothurn. Ständig gebraut werden das Blond (Lager), Amber (Märzen), Schwarzbier und Weizen. Daneben gibt es immer wieder interessante saisonale Biere wie das beliebte Sommerbier (mit Holunderblütenzusatz) oder das Weihnachtsbier.

*◉155 [I12] **Brauerei Unser Bier**, Gundelingerstr. 287 (Tram 15 „Bruderholz", Durchgang ggüb. Restaurant „Momo"), www.unser bier.ch. Biobistro, Braustube und Biergarten Do. und Fr. ab 17 Uhr mit elsässischer Küche, außerdem Bierseminare und „Brauerlebnis"-Kurse.*

Wirtschaft und Tourismus

Die chemisch-pharmazeutische Industrie ist das „Aushängeschild" Basels, doch auch insgesamt gilt der Kanton nach Zürich als **zweitstärkste Wirtschaftsregion** der Schweiz und als Sitz zahlreicher Dienstleistungsunternehmen. Begonnen hatte alles mit dem Konzil von Basel 1431–1448 und dem damit zusammenhängenden Aufschwung des Druckgewerbes und der Universitätsgründung. Bis ins 19. Jh. war die Textilindustrie, besonders die Seidenbandherstellung, führend, erst nach

Am Puls der Stadt
Leben in Basel

dem Zweiten Weltkrieg löste die chemisch-pharmazeutische Industrie diese ab. Seit den 1990er-Jahren sind Pharma (Novartis, Roche), Agrarprodukte (Syngenta) und Spezialitätenchemie (Clariant, Ciba, Lonza) die Marktführer. Ende des 20. Jh. legte der **Dienstleistungssektor** an Bedeutung zu und stellt nun ein Viertel aller Arbeitsplätze, vor allem im Bereich der Finanzdienstleistungen, in Handel und Verkehr.

Basel als „Goldenes Tor zur Schweiz" war zudem schon immer ein wichtiger **Verkehrsknotenpunkt** in der Mitte Europas, an den Grenzen zu Deutschland und Frankreich. Die Stadt ist Endpunkt der Rheinschifffahrt und Knoten des Schweizer, deutschen und französischen Eisenbahnnetzes, was wiederum die Rolle der Stadt als Messe- und Kongressstadt förderte.

Die 1460 gegründete Basler **Universität** mit rund 10.000 Studenten, verteilt auf sechs Fakultäten (Theologie, Jura, Medizin, Geistes- und Kulturwissenschaften sowie Wirtschaftswissenschaften), ist heute führend auf den Gebieten Zell- und Molekularbiologie. Zwei Forschungsinstitute der Pharmaindustrie sind zudem von Bedeutung. Das Schweizerische Tropeninstitut ist hier ebenso ansässig wie Nanophysik oder Astronomie bedeutende Studienrichtungen sind.

1997 wurde die **Werkstadt Basel** zur Verbesserung der Wohn- und Lebensqualität in der Stadt sowie zur Sicherung der Steuereinnahmen und zur Stärkung der wirtschaftlichen Bedeutung Basels ins Leben gerufen. Bedeutende moderne Projekte sind neben dem Fußballstadion St.-Jakob-Park das Städtebauprojekt „Euro Ville" am Bahnhof SBB. Hier ist nicht nur ein modernes Verkehrszentrum entstanden, seit 2007 endet hier auch der TGV aus Paris. Über den Gleisen befinden sich eine Büro-City und eine sehenswerte Glaspassage – „Rail City Passerelle".

Der **Flughafen** wurde mit 400 Millionen Schweizer Franken ausgebaut, um seiner Rolle als internationale Drehscheibe gerecht werden zu können. Die letzte große Baustelle in der Stadt war die Nordtangente, eine weitgehend unterirdische Autobahn, die das französische, deutsche und Schweizer Autobahnnetz miteinander verbindet.

2008, im Fußball-EM-Jahr, erzielte Basel auf dem Gebiet des Tourismus ein historisches Spitzenresultat: die Marke von 1 Mio. Übernachtungen wurde gebrochen und man schloss damit zu Zürich, Genf und Luzern auf. 2010 waren es 1,07 Mio., wobei wegen des starken Frankens die Zahl der Gäste aus Euroländern rückläufig ist. Speziell der Freizeit- und Wochenendtourismus hat zugenommen, aber es gibt trotzdem noch viel zu tun. Dabei ist die Infrastruktur bereits beispielhaft und lässt kaum Wünsche offen. Der Nahverkehr ist vorbildlich, die Stadt ist mit Eisenbahn (InterCity und – wie erwähnt – TGV), durch Autobahnen und per Flugzeug bestens an Resteuropa angebunden, verfügt als Messestadt über ausreichende Hotelkapazitäten, hat eine vielseitige kulinarische und eine beeindruckende, lebhafte Kulturszene zu bieten. Und doch ist Basel als Reiseziel bislang nicht ganz oben in der Beliebtheitsskala der europäischen Reisedestinationen zu finden. In erster Linie zur Fasnacht, zur Art Basel und zum Basel Tattoo (s. S. 14) erlebt Basel einen Besucherzustrom, was schade ist angesichts des hervorragenden ganzjährigen Angebots.

Basel entdecken

Basels Altstadt befindet sich auf der linken Rheinseite. Der alte Stadtkern breitet sich zwischen Münster, Rhein, Spalentor, Nagelberg und Barfüsserplatz (Barfi) aus. Einst war der Münsterhügel das Zentrum des kirchlichen Basel, der gegenüberliegende Nadelberg dagegen Sitz des Adels und des reichen Bürgertums. Dazwischen breitet sich die Talstadt aus, früher die Heimat der Handwerker und Kaufleute.

Man schlendert am besten **zu Fuß durch die alten Gassen**, denn alles liegt relativ nah beieinander und Parkplätze sind rar und teuer. Auf diese Weise kann man gemütlich bergauf und bergab die großteils aus dem 15. Jh. stammenden, liebevoll renovierten Fachwerkhäuser, die Brunnen, Kirchen und zahllosen Kleinigkeiten – wie Zunftzeichen oder Inschriften an Hauswänden – bestaunen und die Ausblicke auf Rhein oder Schwarzwald genießen.

Über das ganze Stadtgebiet verteilt, auf den Hauptplätzen und vor den wichtigsten Attraktionen, finden sich **blaue Orientierungstafeln** mit Stadtplan, Straßenverzeichnis und anderen nützlichen Informationen. Daneben fallen andere, kleinere Tafeln ins Auge, die historische Persönlichkeiten zeigen. Ende der 1970er wies die Stadt **fünf offizielle Rundgänge** durch die Altstadt aus, benannte sie jeweils nach einer Basler Persönlichkeit und markierte sie mit Schildern. Sie beginnen und enden alle am Marktplatz vor dem Rathaus und dauern zwischen 30 und 90 Minuten:

› **Jakob-Burkhardt-Rundgang:** Burckhardt (1818–1897) gilt als bedeutender Kulturhistoriker. Route: Freie Strasse – Steinenberg – Barfüsserplatz – Leonhardsberg – Heuberg – Spalenberg, Dauer: ca. 45 Minuten, hellblaues Porträt auf Blau.

› **Erasmus-Rundgang:** Erasmus von Rotterdam (1466 oder 1469–1536), Humanist. Route: Eisengasse – Rheinsprung – Augustinergasse – Münsterplatz – Freie Strasse, Dauer: ca. 30 Minuten, rotes Porträt auf Blau.

› **Hans-Holbein-Rundgang:** Holbein d. J. (1497 oder 1498–1543), Künstler aus Augsburg, wirkte 1514–26 und 1528–31 in Basel. Route: Freie Strasse – Schlüsselberg – Münsterplatz – Rittergasse – St.-Alban-Vorstadt – Fähre nach Kleinbasel zum Schaffhauserrheinweg – Oberer Rheinweg – Mittlere Brücke – Schifflände, Dauer: ca. 90 Minuten, grünes Porträt auf Blau.

› **Paracelsus-Rundgang:** Theophrastus von Hohenheim, genannt Paracelsus (1493–1541), war ein berühmter Arzt und Dozent an Basels Uni (1527/1528). Route: Eisengasse – Schifflände – Martinskirchplatz – Augustinergasse – Schlüsselberg – Gerbergasse – Leonhardsberg – Heuberg – Rümelinsplatz – Schneidergasse – Andreasplatz – Imbergässlein – Nadelberg – Totengässlein, Dauer: ca. 60 Minuten, graues Porträt auf Blau.

› **Thomas-Platter-Rundgang:** Platter (1499–1582) war Rektor der Lateinschule. Route: Heuberg – Spalenvorstadt – Petersplatz – Spiegelgasse – Stadthausgasse, Dauer: ca. 45 Minuten, gelbes Porträt auf Blau.

Auf dem Münsterberg

❶ Basler Münster ★★★ ✓ [H8]

Basels Altstadt gilt als eine der besterhaltenen und schönsten Europas. Überragt wird sie vom Münster auf dem Münsterhügel. Der Hügel war bereits ab dem 1. Jh. v. Chr. besiedelt, Kelten und Römer hatten die

Basel entdecken
Grossbasel

strategische Lage erkannt und genutzt. Schon im 6. Jh. entstand hier eine erste Kirche.

Nach der Zerstörung der Stadt 917 wurde erst 1019 mit dem **Heinrichsmünster** eine neue Hauptkirche eingeweiht. Ein Feuer zerstörte diesen Bau und im 12. Jh. folgte eine spätromanische Basilika, die noch heute den alten Kern der Kirche bildet. Bei einem Erdbeben 1356 stürzten Türme und Gewölbe ein – eine gute Gelegenheit, um die Kirche prächtig im gotischen Stil zu renovieren. Im 15. Jh. kam es zu Umbauten am Westteil mit Bischofshof und Kreuzgang, die mit der Fertigstellung des zweiten Turms im Süden, des Martinsturms (62 m), zusätzlich zum älteren Georgsturm (65 m), um 1500 einen Abschluss fanden.

Heutzutage präsentiert sich das Münster als **auffälliger roter Sandsteinbau** mit gotischen Turmspitzen und auffällig buntem Dach, wie es typisch ist für alle repräsentativen Bauten der Stadt (u. a. Rathaus ❺, Spalentor ⓬). Durch das Hauptportal mit seinem reichen gotischen Figurenschmuck betritt man eine fünfschiffige romanische Halle mit ebensolchen Kapitellen und Rundbögen.

Sehenswert ist neben der **Galluspforte** an der Nordseite, das bedeutendste romanische Portal am Oberrhein u. a. mit Stifterfiguren, Propheten, Engeln, Königen und einem „Glücksrad", die **Krypta** mit Kreuzgratgewölbe (im Winter geschlossen, CHF 4).

Das Grabmal des Erasmus von Rotterdam befindet sich im linken Seitenschiff. Im **Kreuzgang** wurden ab 1529 bedeutende Bürger der Stadt wie der Architekt Bernoulli oder der Mäzen Merian beigesetzt. Über den Kreuzgang erreicht man zudem die

▲ *Über der Basler Altstadt thront das Münster*

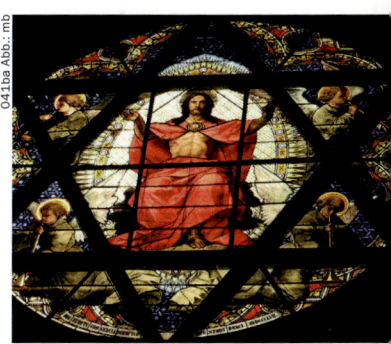

▲ *Prächtige Kirchenfenster im Münster*

Pfalz, ein kleiner Platz hinter dem Ostchor auf einer Terrasse direkt über dem Rhein. Von hier aus lassen sich nicht nur interessante Baudetails am Kirchenbau entdecken – z. B. kuriose Fantasie-Elefanten (echte waren damals noch unbekannt) –, sondern auch die schöne Aussicht über den Rhein und Kleinbasel genießen.

Der vorgelagerte **Münsterplatz** diente in römischer Zeit als Standort eines Kastells, dann als Markt-, Prozess- und Turnierplatz. Heute fungiert er als Treffpunkt und Veranstaltungs-

Basel entdecken
Grossbasel

ort. Im Sommer finden vor dem Museum der Kulturen auch Open-Air-Kinoaufführungen statt. Anschließend an die Aussichtsterrasse befindet sich an der Längsseite ein von Kastanien gesäumtes Quadrat um einen klassizistischen Brunnen von Antonio Pisoni (1784) und schließlich gibt es ein gepflastertes Areal zwischen Kirche und Augustinergasse. Um den Münsterplatz gruppieren sich sehenswerte Bauten wie das Haus zur St. Johannskapelle von 1839 (Ostseite), der Domhof (1841) im Süden und die Domherrenresidenzen wie Mentelinshof (Münsterplatz 14, von 1765–70) oder Schürhof (Münsterplatz 19) an der Westseite. Im Domherrenhaus am Münsterplatz 8 residiert die Allgemeine Lesegesellschaft Basel und daneben befindet sich das Basler Marionetten Theater (s. S. 108). Am Anfang der Münstergasse ist noch einer der selten gewordenen alten blauen Briefkästen mit Basler Täubchen von Melchior Berri (19. Jh.) zu sehen. Und am Münsterberger Neptunbrunnen fließt jährlich am 1. Januar um 11 Uhr aus einem der Wasserspeier Gewürzwein („Hypograt") für jedermann.
› Station: „Barfüsserplatz"

> **EXTRATIPP**
>
> **Aussichtspunkte**
> Wer sich in Basel einen Überblick von oben verschaffen möchte, kann dies von mehreren Türmen aus tun:
> › **Georgs- und Martinsturm** (65/62 m) des **Basler Münsters** ❶, Ostersamstag–15.10., Mo.–Fr. 10–17 Uhr, Sa. 10–16 Uhr, So. 11.30–17 Uhr, sonst Mo.–Sa. 11–16 Uhr, So. 11.30–16 Uhr, CHF 4, mind. 2 Personen, Tickets im südl. Seitenschiff
> •156 [H2] **Siloturm**, Hafenstr. 7 (Rheinhafen Kleinhüningen, Tram 8), 52 m hoch (Lift), Aussichtsterrasse bis auf Weiteres geschlossen zur Besichtigung, aber im Juli/August Open-Air-Kino und Barbetrieb.
> › **Turm der Elisabethenkirche** ⓲, Elisabethstr. 10, 72 m hoch, Di.–Sa. 10.30–17 Uhr, CHF 3, außerdem sehenswertes Uhrwerk.
> •157 [H15] **Wasserturm Bruderholz**, Reservoirstr. 201, im Sommer tgl. 8–20 Uhr, sonst 8–17.30 Uhr, 1926 als Wasser- und Aussichtsturm erbaut und 36 m hoch.
> › Einen guten ersten Eindruck von der Anlage der Stadt erhält man auch vom **Rheinbord** ㉗ am Rheinufer in Kleinbasel (Oberer Rheinweg).

❷ Museum der Kulturen ★ [H8]

An der Nordwestecke des Münsterplatzes beginnt die Augustinergasse. Hier befindet sich an der Stelle eines **früheren Klosters** das Museum der Kulturen, eines der bedeutendsten ethnografischen Museen Europas. Im September 2011 wurde die von den renommierten Basler Architekten Herzog & de Meuron gestaltete, **moderne Erweiterung** des klassizistischen Hauptbaus von 1849 eröffnet. Auffälligstes Merkmal ist das unregelmäßig gefaltete, mit farbig reflektierender Keramik eingedeckte und mit einem Pflanzenvorhang versehene Dach, unter dem ein neuer Ausstellungssaal entstand. Zudem gibt es einen neuen Eingangsbereich, direkt vom Münsterplatz durch den historischen Schürhof.

Die Ursprünge des Museums gehen auf ein Mitte des 19. Jh. entstandenes „**Universalmuseum**", ein „Haus der Wissenschaften und der

„Die drei scheenschte Dääg" – die Basler Fasnacht

Wenn am Montag nach Aschermittwoch um vier Uhr morgens zum „Morgestraich" geläutet wird, liegt in Basel niemand mehr im Bett. Denn „das Allerschlimmste, was einem Menschen an der Fasnacht passieren kann: dass er kein Basler ist" - so resümierte der Publizist Hanns K. Christen einmal.

Um Punkt 4 Uhr erlischt die Straßenbeleuchtung und dann sorgen nur noch Laternen für eine einzigartige Stimmung. Mit dem letzten Glockenschlag von St. Martin, der ältesten Kirche der Stadt, wird es aber nicht nur dunkel, sondern auch laut: Tambouren (kleine Trommeln) und Piccolo (Querflöte) spielende Cliquen - wie hier die Fasnachtsgesellschaften genannt werden - ziehen seit 1808 durch die Gassen Richtung Marktplatz. Von nun an herrscht der Ausnahmezustand: Drei Tage und drei Nächte wird gefeiert und abgerechnet mit Politik und Gesellschaft. Es ist ein heiteres, friedliches Familienfest mit melancholischem Touch: ein Fest mit Trommeln und Piccolos, Guggenmusiken und Schnitzelbänken, Larven (Masken) und Laternen.

Dass die Basler Fasnacht eine Woche später als im katholischen deutschsprachigen Raum stattfindet, ist Resultat einer päpstlichen Kalenderrevision im 16. Jh., die man im reformierten Basel einfach ignorierte. Keltisch-germanische Bräuche und Ahnenkult, Winteraustreibung und Fruchtbarkeitsrituale, aber auch militärische Musterungen und Waffenschauen der Zünfte - all dies spielte eine Rolle bei der Entstehung der Basler Fasnacht.

1376 wurde sie erstmals als „Böse Fasnacht" dokumentiert, damals war es zu Gewalttätigkeiten zwischen Adel und Bürgerschaft gekommen. Die Folge waren Restriktionen, die im Zuge der Reformation Anfang des 16. Jh.

▲ Laternen-Ausstellung auf dem Münsterplatz - ein Höhepunkt der Basler Fasnacht

Basel entdecken
„Die drei scheenschte Dääg" – die Basler Fasnacht

ausgeweitet wurden. Noch im 18. Jh. waren Maskierung, Umzüge und Trommeln in der Öffentlichkeit verboten und fasnächtliche Umzüge fanden unter dem Deckmantel militärischer Musterungen statt. Erst mit dem ersten organisierten Umzug, dem Cortège von 1802, ist die Basler Fasnacht zu dem geworden, was sie heute ist.

1884 organisierte sich mit der VKB (Vereinigte Kleinbasler) die älteste Clique (Fasnachtsverein), 1937 wurden erstmals weibliche Mitglieder in eine Pfeifergruppe aufgenommen und ein Jahr später gründete sich die erste reine Frauengruppe. Seit den 1950er-Jahren treffen sich die Cliquen in Vereins-(Keller-)lokalen, wo auch das klassische Morgestraich-Menü, bestehend aus der traditionellen Mehlsuppe, Zwiebel- und Käsewähen (= salziger Mürbteigkuchen mit Käsebelag), sowie die Fasnachtskiechli serviert werden. Das restliche Jahr über fungiert der Keller als Übungsraum, zur

Nachwuchsschulung, zur Herstellung von Masken und Requisiten sowie von Laternen. Am Pfefferplätzchen befindet sich mit dem Consulate Kingdom of Lepmuria ein solcher Treff, nämlich der Fasnachtsclique „Rumpler".

Musik spielt eine maßgebliche Rolle, vor allem das Trommeln, doch viel Gelegenheit zum Üben gibt es nicht. Erst ab Montag vier Wochen vor dem Morgenstreich ist das Trommeln und Musizieren in wenig besiedelten Gebieten erlaubt und dürfen Marschübungen abgehalten werden. Im Januar versammelt man sich auch zum offiziellen Preistrommeln und -pfeifen und zwei Wochen vor Fasnacht findet die bekannteste und größte Basler Vorfasnachtsveranstaltung statt: das seit 1906 unter dem Patronat des Fasnachts-Comités stehende große „Monstre" oder „Drummeli". Im großen Festsaal der Messe Basel findet dann eine Veranstaltung mit Trommelmärschen, Cliquenauftritten, Schnitzelbänken und Guggenmusik statt.

Weitere Höhepunkte nach dem Morgestraich sind die beiden großen Cortèges (Umzüge) am Montag- und Mittwochnachmittag durch Klein- und Grossbasel. 485 Gruppen, d. h. rund 12.000 Teilnehmer in Kostümen, mit Larven und Instrumenten (Guggemusiken), zu Fuß oder auf Wagen - mit kunstvollen Aufbauten, die das jeweilige Faschingsthema darstellen -, sind mit von der Partie. Jeder Clique eilt der „Vortrab" voraus. Er führt auf einem Handwagen ein thematisch passendes Requisit mit und verteilt die „Zeedel", auf denen das von jeder Clique jährlich neu gewählte Sujet in Versform festgehalten ist. Dem Vortrab folgen Laternenträger, Tam-

Basel entdecken
„Die drei scheenschte Dääg" – die Basler Fasnacht

bouren (Trommler) und Pfeifen (Piccolospieler).

Ebenfalls mit von der Partie bei den Umzügen sind rund 60 Guggenmusiken („Guggemuusige") mit rund 2000 Aktiven. Früher waren diese noch mit Handharmonika und Mandolinen unterwegs, heute steht es Blechmusikgruppen, die sich auf atonale, laute Darbietungen, auch „Schränze" genannt, spezialisiert haben. Alle Arten von Blas- und Schlaginstrumenten sind erlaubt. Dafür, dass sie seit 1962 auf eine Teilnahme am Morgestraich verzichten, dürfen die Guggenmusiken im Gegenzug am Dienstagabend in der Innenstadt zwischen Barfi und Marktplatz musizieren.

Dienstag ist jedoch auch der Tag der Kinder und der „freien" Fasnacht ohne organisierte Veranstaltungen. Den ganzen Tag über herrscht buntes Fasnachtstreiben auf den Hauptplätzen und auf dem Münsterplatz sind die über 200 kunstvollen großen Zuglaternen zu bewundern. Beim Brauch des „Gässle" ziehen Cliquen und „Schyssdrägqziigli" (Kleingruppen) zum Klang von Märschen und unter großem Hallo von zivilem Fußvolk begleitet durch die Altstadtgassen.

Der Montag- und Mittwochabend gehört den Schnitzelbänken, die seit 1832 in Kostüm und mit Larve durch die Lokale der Innenstadt ziehen. Sie setzen sich mit den Ereignissen des vergangenen Jahres aus Politik, Sport, Wirtschaft und Gesellschaft auseinander und geben bissig-satirische Kommentare ab. Dies geschieht in Gesängen - im Stil von Moritaten oder Bänkelgesängen - und Versen auf Baseldytsch, illustriert durch Bilder („Helgen"), und am Ende werden die „Schnitzelbängge", die Verse, auf „Zeedeln" ans Publikum verteilt.

Überwacht und organisiert wird alles vom 1910 gegründeten Fasnachts-Comité mit seinen rund 20 ehrenamtlich tätigen Mitgliedern. Es gibt seit 1911 die „Blaggedde" (Plaketten) heraus und für jeden Basler ist es Ehrensache, eine der vier Varianten (Kupfer, Silber, Gold und Bijou) zum Preis von CHF 8-100 zu erwerben. Der Reinerlös wird, wie die Einkünfte aus „Monstre", des Fasnachtsführers „Rädäbäng", Zeedelsammlungen und Spenden, an die rund 500 teilnehmenden Gruppen weitergegeben.

In der Nacht zum Donnerstag hat das Treiben schließlich ein Ende: Um 4 Uhr früh beendet der „Ändstraich", der letzte Trommelschlag und Pfeiferton, Basels „drei scheenschte Dääg" … und man fällt müde ins Bett.

› *Die nächsten Morgestraiche:* 18.2.2013, 10.3.2014
› *Auskünfte:* Fasnachts-Comité, Glockengasse 7, Tel. 061 2612575, www.fasnachts-comite.ch
› Weitere **Infoseiten im Internet:** www.fasnacht.ch, www.baslerfasnacht.ch, www.schnitzelbankbasel.ch
› *Lesetipps:* B. Trachsler, D. L. Rhein, F. R. von Rohr, „Basler Fasnacht für Basler und Nichtbasler", GS Verlag 1995; E. A. Meier, „Die Basler Fasnacht", Fasnachts-Comité 1986; Fasnachtsführer „Rädäbäng", jährlich neu vom Basler Fasnachts-Comité herausgegeben (www.fasnachts-comite.ch)

◂ *Das wichtigste im Leben vieler Basler ist die Fasnacht*

Künste", zurück, das durch Schenkungen zu einer der bedeutendsten völkerkundlichen Sammlungen Europas anwuchs, u. a. kam 1998 die größte **Tibet-Sammlung** Europas hinzu. In wechselnden Ausstellungen werden Teile der umfangreichen Bestände gezeigt, dazu gibt es ein vielfältiges Veranstaltungsprogramm.

› Münsterplatz 20, www.mkb.ch, Di.–So. 10–17 Uhr, CHF 16, Di.–Sa. 16–17 Uhr und 1. So. im Monat reduzierter Eintritt von CHF 5, ebenso, Tram Nr. 2 (ab Bahnhof SBB oder Badischer Bahnhof) bis „Kunstmuseum" oder Nr. 3/8/10/11/14/15 bis „Barfüsserplatz"

❸ Naturhistorisches Museum ★★ [H8]

Das Museum für Jung und Alt hat zahlreiche interaktive Abteilungen zu Flora, Fauna und Umwelt. Auch Dinos fehlen nicht.

Das sich über mehrere Etagen erstreckende Naturhistorische Museum ruft allein wegen seiner großen Dinosaurierabteilung **Begeisterung bei Kindern** hervor. Doch auch die anderen Bereiche, vor allem die modern gestalteten Ausstellungen „Feuer und Wasser" sowie „Grottenolm und Fledermaus", sind sehenswert. Überdies erhält man einen guten Einblick in die Geografie, Flora und Fauna des Oberrheintals. Zudem gibt es immer wieder interessante Sonderausstellungen.

› Augustinergasse 2, www.nmb.bs.ch, Di.–So. 10–17 Uhr, CHF 7, Station: „Barfüsserplatz"

❹ Rheinsprung und Martinskirche ★ [H8]

Über die Augustinergasse erreicht man den Rheinsprung, der schon zur Römerzeit den Weg zwischen dem ehemaligen Kastell (am Münsterberg) und der Schifflände am Rhein darstellte. Dabei passiert man das **Weisse** und das **Blaue Haus** (Rheingasse 16/18), beide 1860 als Sitz der Seidenbandfabrikanten und Brüder Sarasin erbaut. In einem Teil des Gebäudekomplexes, eines der wenigen Beispiele für Barock in der Schweiz, befindet sich heute das Justizdepartement. Gegenüber, eingerahmt von weiteren mittelalterlichen Fachwerkhäusern des 15. und 16. Jh., steht das **Gelbe Haus** (Rheingasse 11). Dieser 1460 bezogene Bau war das erste Kollegiengebäude der damals gegründeten Universität und wurde bis 1939 als solcher genutzt (heute Bürogebäude).

Die darüber thronende **Martinskirche** gilt als eine der ältesten Kirchen der Stadt und wurde bereits um 1100 urkundlich erwähnt. Man fand sogar Fundamente eines Vorgängerbaus von 596. Die in großen Teilen nach dem Erdbeben 1356 neu errichtete Kirche wird vor allem als Konzertbühne und Veranstaltungsort der Uni genutzt.

◂ *Dinos sind die Attraktion im Naturhistorischen Museum*

Basel entdecken
Grossbasel

In der Talstadt

⑤ Rathaus ★★ ✓ [H8]

Das malerische rote Rathaus und der lebhafte Marktplatz bilden den Mittelpunkt der Basler Altstadt.

Das Rathaus, das auch von seiner Rückseite an der Martinsgasse zugänglich ist, fällt nicht nur durch seine **markante rote Sandsteinfassade** auf, sondern auch durch seine **üppige Bemalung**. Der Bau entstand zwischen 1504 und 1514, nachdem 1501 Basel der Eidgenossenschaft beigetreten war. Dieser älteste Teil des Gebäudes, dessen Fassade Elemente der Spätgotik und der Renaissance zeigt, besteht aus drei Bogeneingängen, der Uhr und dem goldenen Türmchen auf dem Dach. 1606–1608 wurde die Fassade um die vordere Kanzlei vergrößert, 1898–1904 kamen im Zusammenhang mit der Marktplatzumgestaltung ein Erkerbau und der große Turm als dritter Teil hinzu.

Das Rathaus dient als **Tagungsort** des Großen Rates (Legislative) und des Regierungsrates (Exekutive), des Weiteren befinden sich hier die Staatskanzlei und Teile des Wirtschafts- und Sozialdepartements. Skulpturen und Gemälde beherrschen daher auch zwei Hauptthemen: Rechtsprechung und Gesetzgebung in den verschiedensten Ausführungen. Scheinarchitektur und Wandbilder stammen größtenteils von Hans Bock (1550/52–1624), die reiche Innenausstattung entstand nach und nach vom 16. bis ins 20. Jh. Auch ein Blick in den **Innenhof** lohnt, zumal man auf den Bänken eine Pause einlegen und dem Kommen und Gehen zusehen kann.

› Station: „Marktplatz", Führungen (gratis) durch das Rathaus: Do. 18 Uhr (60 Min.), Sa. 15.30/16.30 (30 Min.), Apr.–Okt. auch Di. 15.30/16.30 Uhr ab Rathaushof, Tickets vor Ort oder in der Tourist Info

> **KLEINE PAUSE**
> **Tipp für Schleckermäuler**
> Die **Confiserie Schiesser** (s. S. 26) am Marktplatz wird seit 1870 als Familienbetrieb geführt und gilt als Klassiker unter den Basler Kaffeehäusern. Man kann sich im nostalgischen Café im ersten Stock eine Pause gönnen und die bekannten Kirschstängeli, eine Basler Rolle oder einen Goldapfel genießen und dabei dem Treiben auf dem Marktplatz zusehen. Auch im Laden im Erdgeschoss werden diese Leckereien sowie handgemachte Pralinés angeboten.

▶ *Zentral am Marktplatz steht das Rote Rathaus*

Basel entdecken
Grossbasel

> **EXTRATIPP**
>
> **Das etwas andere Fasnächtler-Denkmal**
> Geht man von der Freien Straße Richtung Schlüsselberg [H8], fällt links eine lustige Laterne mit pinkelndem Fasnächtler – ein Pissoir-Schild von 1956 – ins Auge.

Haus zum Sodeck (Freie Str. 74) sowie Traditionsgeschäfte wie die Delikatessenhandlung Brändli (s. S. 26, Freie Str. 109), die Confiserie Pellmont (Freie Str. 82) oder die Buchhandlung Jäggi (Freie Str. 32) reihen sich an der Freien Straße auf. Sind im unteren Teil, nahe dem Martkplatz, eher noch Kaufhausketten und „gewöhnliche" Läden zu finden, nimmt die Exklusivität der Geschäfte im weiteren Verlauf zu.
› Station: „Marktplatz"

❻ Marktplatz und Freie Strasse ★ [H8]

Auf dem zentralen Marktplatz findet täglich außer Sonntag, besonders vielseitig jedoch am Freitag und Samstag, ein **Wochenmarkt** statt. Im Norden des Platzes führt die Eisengasse zur Schifflände und zur Mittleren Brücke, im Westen leitet die Sattelgasse in die Altstadt um den Nadelberg und im Süden geht es auf der Gerbergasse oder der **Freien Straße** zum Barfi (Barfüsserplatz) ❼. Der Name letzterer Straße geht darauf zurück, dass diese Straße einst als zollfreie Zone diente.

Zunft-, Gast- und Geschäftshäuser, historische und Jugendstilbauten wie die Hauptpost (Freie Str. 12, 1852–80), die „Zunft zum Schlüssel" (Freie Str. 25) mit einer Barockfassade von 1733 oder das postmoderne

❼ Barfüsserplatz ★★ [H9]

Die Haupteinkaufsstraßen – Freie Strasse, Gerbergasse und Falknerstraße – führen vom Marktplatz zum nächsten wichtigen Platz der Altstadt, dem Barfüsserplatz, kurz „**Barfi**" genannt. Die anschließende Gerbergasse und das nahe Gerbergässlein sind ideal zum Bummeln, wobei man zumindest einen Blick in das neugotische „Zunfthaus zu Safran" (Gerbergasse 11) werfen sollte.

Der Barfi war erst Marktplatz, dann Viehmarkt bzw. genauer Schweinemarkt. Daher kommt auch sein alter Name „Seibi" (= Sau). Heute ist der Platz dank der zahlreichen Cafés und Lokale – wie Bodega zum Strauss, Grand Café Huguenin, Zum braunen

Bummel durch die Altstadt, hier der Heuberg ...

Basel entdecken
Grossbasel

Mutz oder Café des Arts – vor allem ein **beliebter Treffpunkt der Basler Jugend,** aber auch von Junggebliebenen und Kulturbeflissenen.
› Station: „Barfüsserplatz"

❽ Historisches Museum – Barfüsserkirche ★★★ [H9]

In dieser Kirche aus dem 14. Jh. befindet sich das sehenswerte Historische Museum, in dem u. a. der Basler Münsterschatz und der Basler Totentanz ausgestellt sind.

Markanter Mittelpunkt des Barfi ist die Barfüsserkirche, im Kern eine Bettelordenskirche der Franziskaner aus dem frühen 14. Jahrhundert. Heute beherbergt sie das sehenswerte Historische Museum, das 1894 gegründet wurde. Den Kernbestand der Sammlung bildet das **Amerbach-Kabinett**, das die Stadt 1661 als erstes bürgerliches Museum der Öffentlichkeit zugänglich machte. Weitere Glanzpunkte des Museums sind der **Basler Münsterschatz** mit einzigartigen Beispielen mittelalterlicher Goldschmiedekunst und eine informative **Einführung in die Stadtgeschichte** im 2011 neu gestalteten Untergeschoss. Hier geht es um historische Zäsuren der Stadtgeschichte wie den Brückenbau 1225, das Erdbeben 1356, die Gründung der ersten Schweizer Uni 1460, die Reformation 1529, die Souveränität 1648 oder auch um die Entstehung der chemischen und pharmazeutischen Industrie im 20. Jh. Zudem sind historische Räume und Bildteppiche zu sehen.

Sehenswert sind außerdem die Abteilung zu den **Zünften und Gesellschaften** der Stadt im Obergeschoss, vor allem aber die **Fresken des Basler Totentanz** von 1431. Diese werden in einem eigenen Raum präsentiert und stammen von der Innenseite der Friedhofsmauer bei der Predigerkirche, die 1805 abgerissen wurde. Auf die Initiative Basler Kunstfreunde hin konnten die Fresken großteils gerettet und hierher gebracht werden, nachdem sie mehrmals restauriert worden waren. Die Darstellung verschiedener Stände und Schich-

▲ *Der „Barfi" – ein beliebter Treff der Basler*

> **Tipp für Schnäppchenjäger**
> Auf dem Barfi findet jeden zweiten und vierten Mittwoch im Monat von 7–19 Uhr ein **Flohmarkt** statt. Jeden Donnerstag trifft man sich zu einem **Neuwaren- und Kunsthandwerksmarkt** (7–20 Uhr).

▲ *Flohmarkt auf dem Barfi*

Basel entdecken
Grossbasel

ten, die mit dem Tod tanzen, wurde als Mahnruf gegen Übermut und Arroganz angesichts der Sterblichkeit (Memento Mori) verstanden.
› Historisches Museum Basel, Barfüsserplatz, www.hmb.ch, Di.–So. 10–17 Uhr, CHF 12, Kombiticket mit Haus zum Kirschgarten und Musikmuseum CHF 18

❾ Stadt-Casino und Basler Puppenhausmuseum ★★★ [H9]

Eines der ungewöhnlichsten Museen der Stadt ist das Puppenhausmuseum. Es hat auf vier Stockwerken Puppen, Stoffbären und Puppenhäuser aller Art, Größe und Zeit zu bieten – ein Muss für Groß und Klein!

Neben der Barfüsserkirche steht das Stadtcasino, eine Stadt- bzw. Veranstaltungshalle, über deren Zukunft seit Längerem heftig diskutiert wird. Interessant für Besucher ist das neue Restaurant Kohlmanns (s. S. 34) und die hier befindliche **zentrale Infostelle** der Stadt inkl. Hotelreservierungsservice, Souvenir- und Ticketverkauf.
› Basel Tourismus, www.basel.com, Mo.–Fr. 8.30–18.30 Uhr, Sa. 9–17 Uhr, So., Feiertage 10–16 Uhr

Weltweit anerkannt und renommiert ist das Basler Puppenhausmuseum, ein einzigartiges Museum, in dem nicht nur Kinder, sondern auch Erwachsene die Zeit und den Trubel ringsum schnell vergessen. Auf vier Stockwerken gibt es eine Einführung in die faszinierende Welt der Teddybären und Puppen. Da sind Kaufmannsläden, Puppenhäuser, Zirkus- und Rummelplätze und Miniaturstädte aus verschiedenen Epochen und Materialien zu bewundern. Die Exponate sind nicht starr nach Sparten geordnet, sondern **fantasievoll zu Szenen arrangiert**, so z. B. Teddies beim Autorennen, im Kaufladen oder auf dem Rummelplatz. Zum Teil können die Arrangements auch auf Knopfdruck aktiviert werden.

Vor allem die **Teddybärensammlung** gilt als weltweit einzigartig, doch auch die anderen Exponate rufen Erinnerungen wach. Gigi Oeri, die Chefin und Initiatorin des Museums, gilt als eine der schillernden Persönlichkeiten der Stadt, zumal sie auch als Präsidentin des FC Basel im Sport eine wichtige Rolle spielt.
› Basler Puppenhausmuseum, Steinenvorstadt 1, www.spielzeug-welten-museum-basel.ch, Mo.–So. 10–18 Uhr, CHF 7, Station: „Barfüsserplatz"

❿ Steinenvorstadt und Steinenberg ★ [H9]

Vom Barfi führt die Steinenvorstadt, eine **breite Fußgängerzone** mit Cafés, Läden und Kinos, in Richtung Bahnhof SBB ⓯. Der Steinenberg hingegen verläuft zum Theater (s. S. 39) und zur Kunsthalle. Auf dem Theaterplatz steht seit 1977 der beliebte **Fasnachtsbrunnen** von Jean Tinguely, gestiftet von der Kaufhauskette Migros und, zwar riesengroß, aber weniger auffällig, eine Metallskulptur von Richard Serra. Das Areal um den Brunnen ist ein weiterer beliebter Treffpunkt im Stadtzentrum.

Kunst und Cocktails

Die Kunsthalle ist nicht nur Treffpunkt der Liebhaber moderner Kunst, man kommt auch gerne in den beiden Bars zusammen oder diniert im Restaurant Kunsthalle (im Sommer auch mit Gartenbetrieb). Hier werden französische Küche mit mediterranem Touch und Schweizer Spezialitäten serviert. Gespeist wird im vornehmen Weißen Saal oder im „Schlauch", einem lang gestreckten Raum mit schönen Wandmalereien.

Zuvor oder danach trifft man sich auf einen Cocktail in der Kunsthalle Bar (s. S. 36) im ersten Stock direkt über dem Restaurant.

Wer „in" sein möchte und sich zur Jeunesse dorée zählt, findet sich abends dagegen in der den Kunsthallegarten abschließenden Campari Bar ein. Beschaulicher sitzt man allerdings am Nachmittag bei einem Espresso oder Cocktail im schönen Garten.

Die **Kunsthalle** (s. S. 23), 1872 vom 1839 gegründeten Kunstverein ins Leben gerufen, gehört zu den weltweit renommiertesten und aktivsten Ausstellungsinstitutionen zeitgenössischer Kunst. Dabei verfügt man über keine eigene Sammlung, sondern präsentiert ungewöhnliche Sonderausstellungen. Das **Architekturmuseum** (s. S. 24), das sich im selben Gebäude befindet und v. a. Wechselausstellungen zeigt, widmet sich in erster Linie der Schweizer Architektur, es werden jedoch auch internationale zeitgenössische Architektur und thematische Randgebiete vorgestellt.

❯ Station: „Barfüsserplatz"

Auf dem Nadelberg

Mit seiner Westseite lehnt sich der Barfi an den Nadelberg an, das traditionelle Wohnareal der gehobenen Bürgerschaft. Der Kohlenberg führt hinauf zum **Leonhardsberg**. Markant überragt wird das Areal von der hier erbauten spätgotischen **Leonhardskirche** (1481–1518), die berühmt ist wegen ihrer Silbermannorgel von 1718.

Daneben liegt idyllisch, mit Ausblick, Brunnen und Bänkchen auch zur Pause geeignet, der **Lohnhof**, der ehemalige Hof des Augustiner Chorherrnstifts, später Amt und Gefängnis. Hier im Chorherrenstift St. Leonhard erhielten einst die Handwerker im Dienste Basels ihren Lohn. Seit einem umfassenden Umbau Ende der 1990er-Jahre wird der Komplex vielseitig genutzt, unter anderem sind jetzt das Musikmuseum ⓫, der Bird's Eye Jazzclub (s. S. 36), die Baseldytschi Bihni (s. S. 39), das Hotel au Violon (s. S. 114) mit Lokal (auch Freiplätze!) und Wohnungen unter dem Dach vereint.

⓫ Musikmuseum ★ [H9]

Das Musikmuseum im historischen Lohnhof beherbergt die größte Musikinstrumentensammlung der Schweiz. Gegliedert ist das Museum, das sich über drei Stockwerke und 24 ehemalige Gefängniszellen erstreckt, nach **drei thematischen Schwerpunkten:** (1.) Musik in Basel, (2.) Konzert, Choral und Tanz sowie (3.) Parade, Feier und Signale.

◀ *Der Fasnachtsbrunnen von Jean Tinguely auf dem Theaterplatz*

Grossbasel

Zu sehen sind rund **650 Musikinstrumente aus fünf Jahrhunderten**, teils in ihrem musikalischen oder sozialen Kontext, teils nach musikalischen Gattungen oder Anlässen angeordnet. Daneben gibt es zu jedem Thema und zu vielen Instrumenten Musikbeispiele und interaktive Computeranimationen.
> Im Lohnhof 9, www.musikmuseum.ch, Mi.-Sa. 14-18 Uhr, So. 11-17 Uhr, CHF 7, Kombiticket CHF 18, Station: „Musikakademie" (Tramlinie 3)

⓬ Spalenvorstadt und Spalentor ★★ [F8]

Im Nordwesten des Nadelbergs liegt die Spalenvorstadt mit einem von insgesamt drei erhaltenen Stadttoren, dem Spalentor. Dieses Ende des 14. Jh. als Haupttor der äußeren Wehrmauer entstandene Bauwerk ist mit seinen zwei zinnenbekrönten Rundtürmen eine Art **Wahrzeichen der Stadt**. Es gab zwei hölzerne Sperrvorrichtungen in der Durchfahrt, die bei Gefahr heruntergelassen wurden.

Stadtauswärts steht eine 1420 geschaffene Marienstatue, während stadteinwärts einer der selten gewordenen alten blauen Briefkästen mit Basler Täubchen von Melchior Berri (19. Jh.) – wie am Münsterplatz – zu sehen ist. Am **Spalengraben**, an dem auch der alte botanische Garten ⓭ liegt, reihen sich architektonisch sehenswerte Fachwerkhäuser auf.

Die jenseits des Spalentors gelegene **Skulpturhalle** (s. S. 24) sollten Freunde antiker Kunst nicht versäumen, auch wenn die Ausstellung auf den ersten Blick wenig spektakulär und eher wie eine mit Statuen vollgestopfte Halle wirkt. Allerdings ist hier eine der größten Sammlungen von Abgüssen antiker Plastik nach Originalen, die in den großen Museen der Welt verstreut sind, vereint. Weltweit einmalig ist die vollständige Zusammenführung der gesamten Bauplastik des Athener Parthenons.
> Station: „Spalentor" (Tramlinie 3)

⓭ Botanischer Garten der Universität ★★★ [F8]

Basel hat gleich zwei botanische Gärten. Derjenige in der Stadt ist historisch gewachsen und diente einst als Unterrichtsstätte der Universität, heute ist er eine Oase der Ruhe in der geschäftigen Altstadt.

Neben dem Spalentor liegt einer der Zugänge zum alten Botanischen Garten der Universität. 1589 gegründet, kann man hier nicht nur die alten Gewächshäuser mit Sukkulenten, tropischen Pflanzen und anderen Raritäten besuchen, sondern es auch den zahlreichen Studenten nachmachen und im Freien die Ruhe und die

Basel entdecken
Grossbasel

(in Basel oftmals vorhandene) Sonne genießen. Der Garten ist eine **beliebte Ruheoase** inmitten des Universitätsviertels. Am Ostzugang des Gartens erstreckt sich der **Petersplatz** mit dem alten Kollegienhaus der Universität sowie dem Rokoko-Palais „Wild'sches Haus" von 1762/63. Auf dem Petersplatz findet jeden Samstag ein Flohmarkt statt (7.30 – 16 Uhr) und während der Herbstmesse ist hier ein Rummelplatz.

› Botanischer Garten, Schönbeinstr. 6, www.unibas.ch/botgarten, tgl. Sonnenauf- bis -untergang, Eintritt frei, Station: „Spalentor" (Tramlinie 3)

⓮ In den Gassen der Altstadt ★★ [G8]

Der Nadelberg ist jedoch nicht nur ein Hügel, sondern zugleich die Bezeichnung für **eine der malerischsten Gassen Basels** mit Patrizierhöfen, zahlreichen kleinen Läden und Handwerksbetrieben. Das „Schöne Haus" (Nr. 6) ist gar der älteste Profanbau der Schweiz. Zu den wahren Altstadtidyllen gehört der Punkt, an dem die drei Gassen Nadelberg, Heuberg und Spalenberg zusammenlaufen.

Doch auch im Umfeld lohnt es sich, durch ein paar Gassen wie den Gemsberg, den Unteren Heuberg oder das Gerbergässlein vorbei an kleinen Läden, Cafés und Lokalen zu schlendern. Über die Schneidergasse geht es anschließend wieder hinunter Richtung Marktplatz ➏. Dabei führt der Weg vorbei am idyllischen **Andreasplatz** mit dem netten Café zum Roten Engel und dem Affenbrunnen.

◂ *Das Spalentor aus dem 14. Jh. ist Teil der alten Wehrmauer*

▸ *Entdeckung in Basels Altstadt*

EXTRATIPP

Kabarett mit Tradition
Fast alle Größen der deutschsprachigen Kabarett- und Kleinkunstszene wie Hans-Dieter Hüsch, Franz Hohler oder Emil waren und sind in Basel anzutreffen. Jeder, der etwas werden wollte oder will oder auch schon Rang und Namen hat(te), trat bzw. tritt im 1956 eröffneten **Fauteuil** (s. S. 39) auf. Der Name geht darauf zurück, dass das Premierenpublikum ursprünglich dazu aufgefordert wurde, eigene Stühle mitzubringen.

Gegründet wurde die Kleinkunstbühne vom Basler Kabarettisten Alfred Rasser, der in der ganzen Schweiz als Soldat HD Läppli inzwischen zur Legende geworden ist. Angeschlossen sind als weitere Bühnen das **Tabourettli** (s. S. 39) und der Kaisersaal. Alle werden bereits in dritter Generation von der Familie Rasser geleitet.

Aeschenvorstadt und Bahnhof SBB

⓯ Bahnhof SBB ★ [H11]

Der zentrale Bahnhof der Stadt ist der Bahnhof Basel SBB, der sich im Süden des Innenstadtzentrums am Rande des Stadtteils Gundeldingen befindet. Das **repräsentative Gebäude mit neobarocker Fassade,** 1905–1907 von Emil Faesch und Emanuel La Roche erbaut und am 24. Juni 1907 in Betrieb genommen, dominiert den Centralbahnplatz. Der Bahnhof fungiert als internationale Drehscheibe, gilt als größter Grenzbahnhof Europas und nach Zürich als zweitgrößter Bahnhof der Schweiz. Der in Kleinbasel gelegene **Badische Bahnhof** dient als zweiter größerer Bahnhof insbesondere dem Regionalverkehr nach Deutschland.

Basel war die erste Schweizer Stadt mit Eisenbahnanschluss. 1845 hatte die Elsässerbahn den ersten Bahnhof auf Stadtgebiet errichtet, bald folgte die Rheintalbahn aus Mannheim über Karlsruhe nach Basel. 1853 wurde die Eisenbahngesellschaft „Schweizerische Centralbahn" (SCB) gegründet und die heutige Viaduktstraße [F/G10] diente bis 1902 als Trasse der Elsässerbahn. Aus dem ersten Bahnhofsprovisorium in Holzbauweise an der Engelgasse/Lange Gasse [J10] ging 1860 der Basler Centralbahnhof an der heutigen Stelle hervor. 1898 wurde per Volksabstimmung die Verstaatlichung der Bahnen in der Schweiz beschlossen – ab 1902 hieß es „Schweizer Bundesbahnen" (SBB) – und damit stand dem Bau eines neuen Bahnhofs an alter Stelle nichts mehr im Wege.

Dass das **Bahnhofsgebäude ungewöhnlich lang gestreckt** ist, liegt vor allem daran, dass sich an der Westseite der französische SNCF-Bahnhof mit Zollstelle anschließt. Die große Schalterhalle ist an der Mittelachse des Centralbahnplatzes ausgerichtet. Ein riesiges Bogenfenster wird

Basel entdecken
Grossbasel

KLEINE PAUSE

Gestärkt auf Reisen gehen
Der Basler Bahnhof war schon immer berühmt für seine Bahnhofbuffets, heute ist das Essen, z. B. in der **Brasserie** (Tagesmenü CHF 20), noch immer gut. Es gibt zudem einen großen und preiswerten Migros-Supermarkt mit Snacks (Sandwiches CHF 5-6) sowie weitere Imbissstände (Döner, Pizza usw.), einen großen Bierladen und einen **Infokiosk** der Stadt Basel (Mo.-Fr. 8.30-18.30 Uhr, Sa. 9-17 Uhr, So. 9-16 Uhr), Zeitungsläden, Geldwechsel (auch Automat) und im Obergeschoss weitere Läden wie eine Filiale des Läckerli Huus oder der Confiserie Sprüngli.

---

von zwei Uhrtürmen gerahmt, die als Eingänge dienen. Große Wandbilder aus den 1920er-Jahren werben innen für die Schweiz als Touristenziel.
› Station: „Bahnhof SBB"

⑯ Zoo Basel – Zolli ★★ ✓ [F10]
Der 1874 eröffnete „Zolli" liegt mitten in der Stadt und ist mit alljährlich etwa einer Million Besuchern nach dem Rheinfall in Schaffhausen die meistbesuchte Attraktion der Schweiz.

Der Basler Zoo, liebevoll auch „Zolli" genannt, ist, was die wenigsten Besucher wissen, nach den Rheinfällen die meistbesuchte Attraktion der Schweiz. Das elf Hektar große Naturidyll erstreckt sich im Stadtteil Binningen, am Südwestrand der Stadt und am westlichen Ende des Bahnhofs SBB.

1874 eröffnet, liegen die Schwerpunkte in der Arterhaltung und Darstellung von ökologischen Zusammenhängen. Von der Menagerie des 19. Jh. hat sich der Zoo zum **Natur- und Umweltschutzzentrum** des 21. Jh. entwickelt: 1992/1993 entstand eine neue Afrika-Anlage inklusive neuem Affenfelsen, 1993 begann man mit der Gepardenzucht und 1997 kam ein neues Papageienhaus namens „Lorihaus" dazu, das 2004 um eine Außenvoliere erweitert wurde. 1998 folgte ein komplett neues Affenhaus auf einer Halbinsel von 250 m² mit einem 4,5 m breiten Wassergraben, schließlich erhielten die Schneeleoparden ein neues Domizil.

2001 wurde das **Etoschahaus** eröffnet. Diese einzigartige Anlage erläutert und veranschaulicht den Nahrungskreislauf in der afrikanischen Savanne. Das Haus Gamgoas von 2003 beherbergt nicht nur Löwen, sondern auch Nilkrokodile und Termiten sowie eine interaktive Naturschutzausstellung. Bei den Kleinen besonders beliebt ist der **Kinderzoo**, der 2007 sein 30-jähriges Bestehen feierte. Der Zoo Basel hat für die ganze Familie etwas zu bieten und gehört vor allem aufgrund seiner Lage mitten in der Innenstadt zu den ungewöhnlichen Attraktionen der Stadt.
› Binningerstr. 40, ca. 10 Minuten zu Fuß vom Bahnhof SBB (oder Tram 10), www.zoobasel.ch, tgl. mind. 8-17.30 Uhr, CHF 18, Kinder (6-16 Jahre) CHF 7, Jugendliche (16-25 Jahre) CHF 12, Familienkarte CHF 39, Station: „Zoo" (Tramlinie 10)

◀ *Das repräsentative Bahnhofsgebäude mit neobarocker Fassade*

Grossbasel

⓱ Historisches Museum Basel – Haus zum Kirschgarten ★ [H9]

Das prachtvolle Haus zum Kirschgarten in der Elisabethenstraße ist heute Teil des Historischen Museums. Es wurde zwischen 1775 und 1780 als Wohn- und Geschäftshaus eines Basler Seidenbandfabrikanten erbaut. Heute wird auf zwei Stockwerken **Basler Wohnkultur des 18. und 19. Jh.** anhand von Rekonstruktionen ganzer Räume gezeigt – ebenso ungewöhnlich wie sehenswert!

Zudem sind **Spezialsammlungen** von internationaler Bedeutung zu sehen: eine umfangreiche Porzellan- und Fayencensammlung der Pauls-Eisenbeiss-Stiftung, die bedeutenden Uhrensammlungen Nathan-Rupp und Dr. Eugen Gschwind (Uhren vom 15. bis zum 19. Jh.), eine einzigartige Spielzeugsammlung aus dem 19. Jh., Beispiele Basler Silbers und ein Physikalisches Kabinett. Nach der Besichtigung lädt der schöne Garten mit Laube zum Verweilen ein.

› Elisabethenstr. 27–29, www.hmb.ch, Di.–Fr. u. So. 10–17 Uhr, Sa. 13–17 Uhr, CHF 7, Kombiticket CHF 18, 1. So. im Monat frei, Station: „Kirschgarten" (Tramlinie 2)

⓲ Elisabethenkirche ★ [H9]

Schon als Christoph Merian Mitte des 19. Jh. das Geld für den Bau der Elisabethenkirche stiftete, stand dahinter der Wunsch, dass das Gotteshaus als **„Bollwerk gegen den Ungeist der Zeit"** dienen möge. Der Bau gilt als bedeutendster neogotischer Bau der Schweiz und die Gemeinde sieht sich noch heute seinem Stifter verpflichtet.

Seit 1994 versucht die **Offene Kirche Elisabethen** (OKE) – ähnliche Einrichtungen gibt es in Bern, Zürich, St. Gallen und Zug – auf ungewöhnliche Art und Weise, christliche Traditionen neu zu beleben. Die Kirche zeichnet sich durch eine besondere Toleranz gegenüber allen Gesellschaftsgruppen aus und hat ein breites Spektrum an Veranstaltungen zu bieten, die sonst in Kirchen eher unüblich sind. Verschiedenste Events von Konzerten und Aufführungen aller Art über Lesungen und Vorträge, Kurse und Workshops bis hin zu Walpurgisnachtsfeiern, Schwulen- und Lesbengottesdiensten, Ausstellungen und Meditationen gehören zum Programm. In einem Seitenraum der Kirche dient ein kleines Café mit Freiplätzen als Treffpunkt – ideal, um sich mit einem Kaffee oder einem Drink zu stärken.

› Offene Kirche Elisabethen, Elisabethenstr. 10, www.offenekirche.ch, Tel. 061 2720343, Di.–Fr. 10–21 Uhr, Sa. 10–18 Uhr, Turmbesteigung: Di.–Sa. 10.30–17 Uhr, CHF 3, Station: „Bankverein"

› Mittwoch-Mittag-Konzerte, 12.15–12.45 Uhr (außer Juli–Anf. Okt.), www.mimiko.ch, Eintritt frei. Verschiedene Konzerte unterschiedlicher Musikrichtungen von Orgel über Tango bis zu Liedermachern und Klassik.

⓳ Antikenmuseum Basel und Sammlung Ludwig ★★★ [I9]

Die Sammlung Ludwig widmet sich als einziges Museum in der Schweiz ausschließlich und umfassend der antiken Kunst und Kultur des Mittelmeerraumes (Ägypten, Griechenland, Etrurien, Unteritalien, Rom).

Die Kreuzung der Elisabethenstraße mit der Aeschenvorstadt, dem St.-Alban-Graben, der Freien Straße und dem Steinenberg heißt nicht umsonst **Bankverein**. An dieser wichtigen Kreuzung der Stadt stehen die Filialen bedeutender Banken wie Credit Suisse oder UBS – hier schlägt das

Basel entdecken
Grossbasel

finanzielle Herz der Stadt. Nur wenige Schritte entfernt stößt man jedoch bereits wieder auf Kultur, denn am St.-Alban-Graben befindet sich **eines der besten Museen der Stadt**: das Antikenmuseum Basel und Sammlung Ludwig.

Hierbei handelt es sich um das einzige Schweizer Museum, das sich **ausschließlich antiker Kunst und Kultur des Mittelmeerraums widmet.** Die Sammlung erstreckt sich über mehrere Etagen, man sollte sich daher Zeit nehmen. Sie bietet u. a. einen hervorragenden Überblick über antike griechische Keramik von geometrischer Zeit über korinthische, schwarz- und rotfigurige Maltechniken bis hin zu unteritalischer und späthellenistischer Keramik. Auch dem antiken Etrurien ist mit Keramik, Waffen und Bronzen gebührend Platz eingeräumt.

In einem großen Saal im Erdgeschoss stehen antike Plastiken im Mittelpunkt. Nicht nur die **Entwicklung der griechischen Bildhauerkunst** wird hier plastisch vor Augen geführt, es geht auch um das römische Kopistenwesen und den antiken Kunstmarkt. Das Untergeschoss mit prächtigem Gewölbekeller ist der Antike in der Schweiz und insbesondere rund um Basel gewidmet: Ausgrabungen und Funde aus der Region. Zudem finden hier regelmäßig sehenswerte Sonderausstellungen statt.

› St.-Alban-Graben 5, Di.–So. 10–17 Uhr, CHF 10, www.antikenmuseumbasel.ch (Zeiten und Preise variieren je nach Sonderausstellung), Stationen: „Bankverein" oder „Kunstmuseum"

► *Hochinteressant: Antikenmuseum Basel/Sammlung Ludwig*

⑳ Kunstmuseum Basel ★★★ [19]
Schwerpunkte des Kunstmuseums sind Werke oberrheinischer Künstler von 1400 bis 1600 sowie die Kunst des 19. und 20. Jh. Die weltweit größte Sammlung von Kunstwerken der Holbein-Familie zementiert den hervorragenden Ruf des Museums.

Gleich gegenüber dem Antikenmuseum befindet sich mit dem Kunstmuseum Basel ein weiteres kulturelles Highlight der Stadt. Die modernschlichte, klotzige Architektur des Gebäudes – Bauhausstil – schreckt zunächst etwas ab und ist weit weniger spektakulär als der Inhalt. Die Sammlung selbst ist angesehen aufgrund ihrer beeindruckenden Schau der **Malerei und Zeichnung oberrheinischer Künstler** von 1400 bis 1600 sowie der Kunst des 19. und 20. Jh. Glanzpunkte aus dem 19. Jh. stellen die Gemälde des Basler Malers Arnold Böcklin (1827–1901) und des Berner Künstlers Ferdinand Hodler (1853–1920) dar.

Im 20. Jh. liegt der Schwerpunkt auf dem Kubismus (Picasso, Braque, Léger), dem deutschen Expressionismus

Grossbasel

und der amerikanischen Kunst seit 1950. Zudem besitzt das Kunstmuseum die weltweit größte Sammlung von **Werken der Augsburger Malerfamilie Holbein** – Hans Holbein d. J. hielt sich im 16. Jh. für längere Zeit in Basel auf. Die Renaissance ist durch Werke von Schongauer, Cranach d. Ä. und Grünewald ebenfalls gut vertreten.

› St.-Alban-Graben 16, Di.–So. 10–18 Uhr, www.kunstmuseumbasel.ch, CHF 12 (CHF 15 oder CHF 21 Sonderausst., mit Mus. für Gegenwartskunst ㉒ CHF 25) am ersten So. im Monat Eintritt frei, Stationen: „Bankverein" oder „Kunstmuseum"

Sankt-Alban-Vorstadt

Östlich des Kunstmuseums beginnt die St.-Alban-Vorstadt, Straße und Stadtviertel in einem. Letzteres erstreckt sich zwischen dem Rhein und der einst entlang der St.-Alban-Anlage verlaufenden Stadtmauer. Zu den sehenswerten Bauten des Stadtteils gehört eines der drei erhaltenen Stadttore, das **St.-Alban-Tor** [K9], und die gotische **St.-Alban-Kirche.**

Die idyllischen, schmalen Gassen und malerischen Kanäle, die einst 13 Mühlen betrieben, verleihen dem Viertel, auch „Dalbenloch" genannt, einen **besonderen Charakter.** In der St.-Alban-Vorstadt gibt es zudem einige sehenswerte Bauten wie das prächtige Haus zum Hohen Dolder (St.-Alban-Vorstadt 35) mit gotischem Saal von 1502 oder das Haus der Christoph-Merian-Stiftung (Nr. 5). Zudem befinden sich in der St.-Alban-Vorstadt zahlreiche Galerien und Antiquitätenläden, kleine Vorstadttheater

> **EXTRATIPP**
> **Stadtrundgang**
> Die szenische Führung „Des Nachts in dunklen Gassen" gibt eine neue und unterhaltsame Perspektive der Alban-Vorstadt (s. S. 42).

und ein paar nicht allzu große, aber lohnende Spezialmuseen.

㉑ Cartoonmuseum ★ [I9]

Zur Kategorie der sehenswerten Spezialmuseen gehört das Cartoonmuseum Basel. Karikaturen, Cartoons und Comics stehen hier in thematisch oder monografisch orientierten Wechselausstellungen im Zentrum. Zuhause ist das Museum in einem renovierten spätgotischen Haus, das vor Kurzem von den Architekten Herzog & de Meuron um einen Neubau ergänzt wurde. Mit kleinem, gut sortiertem Shop.

› St.-Alban-Vorstadt 28, Station „Kunstmuseum", Di.–Sa. 14–18 Uhr, Sa./So. 11–18 Uhr, www.cartoonmuseum.ch, CHF 9

Malerische Kanäle prägen die St.-Alban-Vorstadt

Basel entdecken
Grossbasel

EXTRATIPP

Erfrischung gefällig?
Die **mehr als 170 Brunnen** in der Stadt, meist kunstvoll gestaltet, oft mit dem Fabelwesen Basilisk verziert, spenden allesamt **Trinkwasser hoher Qualität.** Man kann es in Flaschen abgefüllt kaufen, aber auch gratis direkt am Brunnen genießen.

㉒ Museum für Gegenwartskunst ★ [J9]

Den St.-Alban-Kirchrain entlang geht es auf romantischen Pfaden vorbei an der St.-Alban-Kirche zum Museum für Gegenwartskunst. 1980 wurde es in einem renovierten Fabrikbau als Filiale des Kunstmuseums Basel eröffnet. Zu sehen gibt es eine **umfangreiche Sammlung moderner Kunst** ab den 1960ern mit Werken von Joseph Beuys, Bruce Nauman oder Jeff Wall. Jedoch sorgen vor allem die qualitativ hochwertigen Wechselausstellungen für Aufsehen.

› St.-Alban-Rheinweg 60, www.mgkbasel.ch, Di.–So. 11–18 Uhr, CHF 12 (Kombiticket mit Kunstmuseum Basel ⑳), erster So. im Monat Eintritt frei, Station: „St.-Alban-Tor" (Tramlinie 3)

㉓ Basler Papiermuseum ★★★ [K9]

Wer schon immer wissen wollte, wie Papier geschöpft, Bücher gesetzt, gedruckt und gebunden wurden und werden, und wer das alles auch einmal selbst versuchen möchte, sollte unbedingt einen Besuch im Papiermuseum einplanen.

Das im 12. Jh. gebaute, 1356 erweiterte und 1976/77 restaurierte 32 m hohe **St.-Alban-Tor** [K9] schloss einst die Stadtmauer im Osten ab und diente zugleich zeitweise als Gefängnis und als Zugang zur Klostersiedlung im St.-Alban-Tal. In der Nähe des Tores ist noch ein Teil der alten Stadtmauer mit Wehrgang und Graben erhalten, die **Letzimauer.**

Ende des 11. Jahrhunderts entstand dort, wo ein Seitenarm der Birs in den Rhein mündet, ein Cluniazenserkloster. Die Mönche hatten die Birs in mehrere, heute sehr romantisch wirkende Kanäle umgelenkt, um Mühlen betreiben zu können. Mitte des 15. Jahrhunderts siedelten sich Basler Papierfabrikanten hier in der „Dalbe" an und machten das Areal zum Zentrum der Papierherstellung. Die **ehemalige Gallician-Mühle,** eine von mehreren Mühlen auf dem Weg vom Tor zum St.-Alban-Tal, am Mühlebach („Dych" genannt) gelegen, beherbergt heute das sehenswerte Basler Papiermuseum.

In dem interaktiven Museum werden noch immer Papier und diverse Drucksachen sowie Bücher im Auftrag hergestellt. Im Erdgeschoss der Mühle gibt es eine anschauliche Einführung in die Papierherstellung, um

▶ *Das Papiermuseum in Basel: Hier kann man selbst Hand anlegen*

Basel entdecken
Grossbasel

Satz und Schrift geht es eine Etage höher, Druck und Buchbinderei bilden schließlich die Schwerpunkte im zweiten und dritten Obergeschoss.

Abgesehen von informativen musealen Ausstellungsobjekten kann der Besucher nicht nur Handwerkern bei der Arbeit zusehen, sondern darf sogar selbst **Papier schöpfen**, mit Gänsekielen schreiben oder beim Drucken oder Buchbinden mithelfen – was insbesondere bei Kindern große Begeisterung hervorruft. Im Anschluss an die praktische Aufgabe darf man dann ein Blatt selbst geschöpftes Papier oder ein kleines Druckwerk mit nach Hause nehmen. Wer möchte, kann im kleinen zugehörigen Laden das hausgefertigte Papier oder andere nette Mitbringsel rund um Papier, Schrift und Buch erstehen.

> St.-Alban-Tal 37, www.papiermuseum.ch, Di.-Fr. u. So. 14–17, Sa. 13–17 Uhr, CHF 14, Station: „St.-Alban-Tor" (Tramlinie 3)

EXTRATIPP

Speisen am rauschenden Mühlbach

Neben dem Papiermuseum befindet sich in einer anderen alten Mühle das **Restaurant und Café Papiermühle** (s. S. 33) mit romantischen Freiplätzen direkt am rauschenden Mühlbach. Es gibt zwar nur eine kleine, monatlich wechselnde mediterran inspirierte Speisekarte – vier, fünf wechselnde Hauptgerichte und einige Salate und Pastagerichte bis 15 Uhr, sonst Sandwiches und Kuchen, dazu Apéros, Wein, Säfte und Bier –, doch dafür ist alles frisch und lecker zubereitet mit saisonalen Zutaten und noch dazu preiswert für ca. CHF 20.

Nur wenige Schritte sind es vom Papiermuseum zum **Gasthof zum Goldenen Sternen** (s. S. 32) mit baumbestandenem Gastgarten direkt an der Rheinpromenade und einem romantischen Hinterhof. Da das Restaurant zu den besten der Stadt gehört, ist es zwar etwas teurer, aber überaus lohnend. Es werden lokale und saisonale Spezialitäten wie Wild, Geflügel, Fisch oder auch Lokales wie *Lummelibraten* auf den Tisch gebracht (Lukullus-Menüs und à la carte).

St. Jakob und Umgebung

(24) St.-Jakob-Park – Joggeli ★★ [N12]

Im „Joggeli" kickt der heiß geliebte FC Basel vor fast 30.000 begeisterten Fans gegen die Konkurrenten aus der ersten Schweizer Liga.

Seit über 50 Jahren ist das „Joggeli", wie die Basler ihr Fußballstadion nennen, ein fester Begriff. Das **alte St.-Jakob-Stadion** war im Vorfeld der WM 1954 erbaut worden und diente bis 1998 als Heimat des FC Basel. Neben dem regulären Ligabetrieb fanden im Stadion etliche Länder- und Europacupspiele sowie Open-Air-Konzerte statt. Nach fast 45 Jahren hatte das alte Joggeli dann jedoch ausgedient: Nach der Partie zwischen dem FCB und Lugano am 13. Dezember 1998 begann der Abriss.

An selber Stelle legte man am 14. August 1999 den Grundstein für den **neuen multifunktionalen St.-Jakob-Park**, der am 15. März 2001 mit dem Punktspiel zwischen dem FCB und Lausanne vor 33.433 Zuschauern eröffnet wurde. Die offizielle Einweihung des modernsten Schweizer Sportsta-

▶ *Heimat des FC Basel: das Joggeli*

Basel entdecken
Grossbasel

dions folgte am 7.9. 2001 mit Konzerten der Basler Rockgruppe Love Bugs und von Bryan Adams.

Das Stadion ist **architektonisch gelungen** und erinnert mit seiner luftkissenartigen, beleuchtbaren Außenhaut an die Münchner Allianz Arena – zu Recht: Beide wurden schließlich von demselben Basler Architekturbüro, Herzog & de Meuron, entworfen (Baukosten: ca. CHF 220 Millionen).

Die **Fankurve** der Basler, bekannt für eindrucksvolle Choreografien, liegt im Osten und heißt nach dem benach-

Der „FCB" – Basels zweite Liebe

Es gibt zwei Dinge, die jeden Basler aus dem Häuschen bringen: Die Fasnacht und der „FCB", der FC Basel. Wenn die „Rotblauen" im „Joggeli" einlaufen, fiebert die ganze Stadt mit, denn in kaum einer anderen Schweizer Stadt spielt Fußball eine derart herausragende Rolle - getreu dem Motto der Fans in der Muttenzer Kurve: „Rot isch unseri Liebi, Blau die ewigi Treui!".

Die Geburtsstunde des FC Basel schlug am 12.11.1893. Es sollte jedoch bis 1953 dauern, ehe der FCB ein Fußballfieber infizierte: In diesem Jahr wurde der FCB zum erstmals Schweizer Meister. Danach gab es zwei große Epochen in der Vereinsgeschichte, die jeweils von einer Trainerfigur maßgeblich bestimmt wurden: Die erste fiel unter Helmut Benthaus in die Jahre 1965-1982, in der der FCB mit Karl „Karli" Odermatt gleich siebenmal den Schweizer Meistertitel holte. Das zweite Hoch lag zwischen 1999 und 2008 unter Trainer Christian Gross. Unter seiner Ägide wurde man viermal Meister und qualifierte sich 2002 und 2008 für die Champions League.

Präsidentin des FCB ist Gigi Oeri, die Gründerin des Puppenhausmuseums. Die Fans sind in zwölf offiziell vom FCB anerkannten Fanklubs organisiert, darunter ist „Bebbi" mit über 300 Mitgliedern der größte und der 1975 gegründete „Fanklub St. Jakob" der älteste.

› *FC Basel 1893*, Gellertstr. 235, 4052 Basel, Tel. 061 3751010, www.fcb.ch
› *Vereinsfarben:* Rot-Blau
› *Schweizer Meister:* 1953, 1967, 1969, 1970, 1972, 1973, 1977, 1980, 2002, 2004, 2005, 2008, 2010, 2011
› *Schweizer Cupsieger:* 1933, 1947, 1963, 1967, 1975, 2002, 2003, 2007, 2008, 2010
› *Fanszene:* www.fcb.ch bzw. www.fanprojekt-basel.ch
› *FCB Fan- und Ticketshop*, Küchengasse 9 (im UG/nahe Bahnhof SBB). Markus Vogel, Mitbegründer von „Bebbi" und einer der treuesten und aktivsten Fans, betreibt diesen Fanshop, der als Infozentrum, Treff- und Anlaufpunkt zugleich dient.

Grossbasel

barten Stadtteil „Muttenzer Kurve". Im Süden befindet sich die Haupttribüne, in der Südwestecke der Bereich für die gegnerischen Fans. Die Gegentribüne im Norden besteht aus drei Rängen. Obwohl im VIP-Bereich des Stadions das ganze Jahr über Events und Meetings stattfinden, dazu Konzerte und mindestens zwei Länderspiele, kommt mit 40 % der Belegung dem FCB der Löwenanteil zu.

Die Fußballbegeisterung in Basel – der FCB setzt rund 23.500 Dauerkarten ab – und die **Vergabe von sechs Spielen der Fußball-EM 2008** veranlassten Stadt und Stadionbetreiber dazu, die Arena zwischen April 2005 und Frühjahr 2007 an der **Nordtribüne aufzustocken**. Damit wurde die Kapazität auf maximal 42.000, bei Ligaspielen auf rund 38.500 Plätze erhöht. Abgesehen davon entstand zur EM an der Ostseite ein 70 m hoher Glasturm, der zunächst als Pressezentrum diente. Seit dem Ende der EM beherbergt der Turm Wohnungen und Büros.

Zum Komplex des St.-Jakob-Parks gehört ein **Shoppingcenter** mit über 30 Geschäften. In dem der Haupttribüne im Süden vorgelagerten Hochhaus befinden sich nicht nur zwei Restaurants und Büros, sondern auch die Seniorenresidenz „Tertianum" mit 107 Wohnungen.

Das Joggeli liegt im Südosten der Stadt etwas außerhalb des Stadtzentrums, jedoch hervorragend mit öffentlichen Verkehrsmitteln (Tram 14) an die Innenstadt angebunden. Das südliche Umfeld des Stadions gilt als „grüne Wiese" und Eventlokalität, denn hier befinden sich die **St.-Jakobshalle** (u.a. Konzerte, Swiss Indoor Tennis und Basketball) und die **St.-Jakob-Arena** (Eishockey) mit dem **Musikpark A 2**.

Im **Sport- und Gartenbad St. Jakob** tummeln sich im Sommer die Basler und Pferdefreunde zieht es zur angrenzenden Rennbahn **Schänzli**. Eine Ruheoase und ein Muss für Gartenfreunde ist dagegen der nahe Botanische Garten **25**.

› St.-Jakobs-Str. 395, 4002 Basel, Tel. 061 3751222, www.baselunited.ch, Station: „St. Jakob" (Tramlinie 14), Stadiontouren (für Gruppen): eine Tour monatlich, Infos unter Tel. 061 3751222 oder www.baselunited.ch, sonst nur auf Anmeldung

› Fanshop: Souvenirladen des FCB in der Westkurve, Gellertstr. 235, www.fcbshop.ch, tgl. 9–17 Uhr

25 Botanischer Garten in Brüglingen ★★★ [M14]

Der zweite botanische Garten Basels geht auf eine Gartenausstellung zurück und besticht durch seine Spezialgärten, durch seine Weitläufigkeit und seine Lage nahe dem Fußballstadion.

Der Botanische Garten in Brüglingen, auch „Merian Park" genannt, schließt direkt südlich an das Stadion an. Die Anlage ist ein ungewöhnlich vielseitiger, 13,5 ha großer Park in Hanglage, der aus der Gartenausstellung „Grün 80" hervorging. Er ist nicht nur ein **grünes Idyll** und aufgrund von Rhododendrontal, Clematis- und Irissammlung, englischem Landschaftspark und Nutzpflanzengarten sowie Orangerie sehenswert für jeden botanisch Interessierten, er ist zugleich ein **Kulturpark**.

Zwei kleine, aber sehenswerte Museen sind hier ebenso zu finden wie die historische **Villa Merian** mit Café und der **Brüglingerhof** mit Hofladen (Mai–Dez. Di. u. Fr. 10–12, 14–17 Uhr, im Winter nur Di.), wo Bioprodukte des Hofes der Christoph Me-

Kleinbasel

Bis zum Bau der Mittleren Rheinbrücke im frühen 13. Jh. war Kleinbasel nicht mehr als ein bescheidenes Fischerdorf auf der anderen Rheinseite. Seit dem Brückenbau aber gehört Kleinbasel zur Stadt Basel und wurde sogar in die Festungsanlage mit einbezogen. In Kleinbasel befindet sich aus diesem Grund ein Teil der Altstadt, außerdem finden sich hier das weitläufige Messegelände und der Badische Bahnhof.

Zur zentral gelegenen Mittleren Rheinbrücke kamen flussabwärts die Johanniter- und die Dreirosenbrücke sowie flussaufwärts die Wettstein- und die Schwarzwaldbrücke hinzu, letztere mit eigener Eisenbahntrasse. Dennoch haben die **alten Fähren** zur Flussüberquerung nicht ausgedient – im Gegenteil, die vier historischen Zugfähren werden immer noch und beileibe nicht nur von Touristen rege genutzt (s. S. 86).

rian Stiftung Basel verkauft werden. Das im Park befindliche **Kutschenmuseum** (Mi., Sa., So. 14–17 Uhr, Eintritt frei) ist eine Abteilung des Historischen Museums Basel ⓘ. Die Ausstellung zeigt vor allem Kutschen und Schlitten des 19. und 20. Jh. aus Basler Familienbesitz und Werkstätten, darunter Jagdwagen, Dogcarts, Phaetons, Coupés und Landauer.

In die ehemalige Wassermühle des Brüglingerhofs, bis ins 16. Jh. im Besitz des Domstifts Basel, ist das **Mühlenmuseum Brüglingen** (Sommer tgl. 8–20 Uhr, Winter 8–17 Uhr, Eintritt frei) eingezogen. Es demonstriert anschaulich die Geschichte der Mühle und des Müllerhandwerks von der Bronzezeit bis ins 21. Jh. Die Mühle wurde 1892 von der Christoph Merian Stiftung umgebaut, war bis 1925 in Betrieb und fungiert heute als Museum, in dem Besucher die Funktionsweise von Mühle und Wasserrad erleben können.

› Vorder Brüglingen 5, tgl. 8–Dunkelheit, Eintritt frei, Station: „St. Jakob" (Tramlinie 14), www.bogabrueglingen.ch

㉖ Rheinbrücke und Greifengasse ★ [I7]

Die **Mittlere Rheinbrücke** verbindet Gross- und Kleinbasel seit dem frühen 13. Jh. Auf halber Strecke steht eine kleine Kapelle aus rotem Sandstein. Von diesem 1478 errichteten **Käppelijoch** wurden im 16. Jh. des Ehebruchs oder der Hexerei angeklagte Frauen „geschwemmt", d. h. gefesselt in den Rhein geworfen. So mancher Basler weiß außerdem zu berichten, dass man bei dreimaliger Umrundung des Käppelijochs das schlimmste Zahnweh losbekäme.

◀ *Das Kutschenmuseum im Botanischen Garten in Brüglingen*

Kleinbasel

Auf Kleinbasler Brückenseite grüßt am Anfang der Greifengasse eine Statue der Helvetia. An der Ecke steht ein Wahrzeichen der Stadt: das Café Spitz, Teil des Best Western Merian Hotels (s. S. 116). Im selben Bau befindet sich auch das Läckerli Huus (s. S. 26), wo die vielgerühmten Basler *Läckerli*, ein Honigkuchengebäck, verkauft werden. Die Greifengasse bildet als Fußgängerzone die **geschäftige Haupteinkaufsachse Kleinbasels** und weist die üblichen Kettenläden und Kaufhäuser wie Migros oder Manor (mit gut sortiertem Supermarkt) sowie einen großen Buchladen auf. Um den **Claraplatz** [I7] reihen sich Cafés und Lokale und ein Kuriosum: das alte Wetterhäuschen von 1892 (Thermometer, Barometer, Hygrometer). Die Clarastraße führt weiter zum Gelände der modernen **Messe Basel** [J6/7].
› Station: „Rheingasse"

❷ Am Rheinbord ★★★ [H7]

Sobald im Frühjahr die Sonnenstrahlen kräftiger werden, versammelt sich am Rheinufer in jeder freien Minute scheinbar ganz Basel, um das Leben zu genießen und zu feiern.

Wendet man sich von der Rheinbrücke zunächst nach Norden Richtung Kaserne bzw. Hafen und Dreirosenbrücke, wartet am Unteren Rheinweg das sehenswerte **Museum Kleines Klingental** (s. S. 23). Untergebracht in den Räumlichkeiten des ehemaligen Nonnenklosters Klingental, werden hier die mittelalterlichen Originalskulpturen des Basler Münsters gezeigt. Zudem gibt es ein interessantes Stadtmodell von Basel im 17. Jh. zu sehen. Weitere Ausstellungsräume sind der Geschichte des Klosters gewidmet.

> **EXTRATIPP**
>
> **Bar mit Aussicht**
> Viele Besucher zieht es weder wegen der Musik noch wegen der Drinks in die **Bar Rouge** (s. S. 35). Die Cocktail-Lounge im obersten Stockwerk des 105 m hohen Messeturms lockt nämlich in erster Linie mit einer traumhaften Aussicht über das gesamte Umland. Wo sonst kann man bei einem Drink wie beispielsweise dem „Kiss again" zu zweit auf einem Paar-Barhocker sitzend solch ein Panorama genießen?

Im Bereich um die Ablegestelle der Klingentalfähre und auf dem dahinter liegenden **Kasernenareal** trifft sich die Jugend. Hier betreibt das Lokal Parterre (s. S. 36) eine mobile Sommerbar in einem Container, das Rheinbord lädt zum Sonnenbad oder zur improvisierten Grillfete ein und in der **Kaserne** wird ebenfalls immer etwas geboten: von Theater und Ausstellungen (Ausstellungsraum Klingental in der Klosterkirche, s. S. 22) über Restaurants mit Freiplätzen bis hin zu Konzerten und Open-Air-Kino. Highlight ist das hier stattfindende Basel Tattoo (s. S. 14).
› www.kaserne-basel.ch, Station: „Rheingasse"

❷ Museum Tinguely ★★★ [L8]

Das Museum widmet sich dem Leben und Werk des bedeutenden Schweizer Künstlers Jean Tinguely. Aufgrund der vielen beweglichen Eisenplastiken ist die Ausstellung ein Abenteuer für die ganze Familie!

Im Schatten der Schwarzwaldbrücke duckt sich das äußerlich bescheiden wirkende Museum Tinguely

Spaziergang entlang der Riviera

Um einen guten Blick auf die gegenüberliegende Altstadt und das Münster zu erhaschen, aber auch um das spezielle „Feeling" der Stadt kennenzulernen, bietet sich ein Spaziergang entlang dem Rhein, vor allem auf Kleinbaslerseite, an. Das Ufer wird auch „Riviera" oder „Rheinbord" genannt. Hier befindet sich der **melting pot** der Stadt, hier stürzen sich im Sommer die Einheimischen zur Erfrischung ins Rheinwasser, hier trinkt man abends noch ein Bier oder lädt ein zur improvisierten Party.

Wer gut zu Fuß ist, kann nach einem Spaziergang entlang der **Kleinbasler Rheinseite** vom Klingental [H7] bis zum Museum Tinguely ㉘ im Osten noch das gegenüberliegende **Grossbasler Rheinufer** erkunden. Vom Kasernenareal [H7] nordwärts geht es über die Dreirosenbrücke [G5] (mit Blick auf den Hafen) oder aber mit der St.-Johanns-Fähre auf die der Sonne abgewandte und daher weniger frequentierten Grossbasler Seite. Die Rheinpromenade ist hier ebenfalls neu gestaltet und nicht unattraktiv. Und dafür, dass der Ausblick bei Weitem nicht an jenen von der Kleinbasler Seite heranreicht, entschädigt die Cargo Bar (s. S. 35), ein angesagter Treff am St.-Johanns-Rheinweg (am Fuß der Johanniterbrücke).

Mittelalterlich präsentiert sich die parallel zum Rheinufer verlaufende **Rheingasse** [H7], die mit den umgebenden Gassen Richtung Kasernenareal ein **Zentrum des Basler Nachtlebens** darstellt. Die Untere Rhein- und Webergasse [H7] gelten als das Rotlichtviertel Basels. Neben einigen Discos lohnen hier aber vor allem preiswerte Lokale wie die Fischerstube (s. S. 30). In der Fischerstube befindet sich seit 1974 die kleine Hausbrauerei „Ueli Bier", die neben der Kleinbrauerei „Unser Bier" die Basler Biertradition gegen die übermächtigen Großbrauereien verteidigt (s. Exkurs „Wir wollen ‚Unser Bier'"!).

Am Kopfende des Referenzgässleins steht an der Promenade ein kleines Stadtmodell zur Orientierung. Hier sieht man, dass im Nordwesten das Kasernenareal den Endpunkt der Kleinbasler Altstadt markiert und im Süden der neu renovierte Wettsteinplatz [J8] mit der Theodorskirche von 1277. Gegenüber der Kirche breitet sich das ehemalige **Kartäuserkloster** von 1401 aus. Es wurde schon 1669 zu einem bürgerlichen Waisenhaus umfunktioniert und ist es bis heute geblieben. Hinter dem Waisenhaus liegt der **Theodorsgraben.** Hier schloss einst die Stadtmauer das Areal ab, heute sind von ihr nur noch Teile am Kartäuserkloster sowie ein Pulverturm erhalten.

Der Obere Rheinweg geht nach dem Kloster/Waisenhaus in den Schaffhauser Rheinweg [J8] und schließlich in die Solitude-Promenade [K8] über. Im Verlauf des Weges reihen sich **ansehnliche Privatvillen** der besser gestellten Basler auf. Vorbei an der Anlegestelle der St.-Alban-Fähre führt auf Kleinbasler Seite einerseits die Promenade, andererseits ein schmaler Fußweg direkt am Rheinufer zum Solitude Park (s. S. 41) und vorbei am Sitz der Firma Novartis zum Museum Tinguely ㉘.

Basel entdecken
Kleinbasel

Verzell du das em Fährima!

Die Redewendung „Verzell du das em Fährima" hört man inzwischen in der ganzen Schweiz, wenn jemand etwas Unglaubwürdiges erzählt. Seine Wurzel hat der Spruch jedoch in einem Gedicht des Basler Dichters Felix Burckhardt von 1955 und dieser hatte zweifellos die vier immer noch betriebenen historischen Rheinfähren im Sinn.

Die Beförderungsart, Personen in an Drahtseilen gezogenen, flachen Booten von Gross- nach Kleinbasel zu bringen, ist dabei nicht besonders alt. 1848 hatte der Statthalter der Künstlergesellschaft (heute Basler Kunstverein) die Idee von „fliegenden Brücken", wollte die Vereinskasse durch einen Fährbetrieb aufstocken. 1854 nahm die erste Fähre den Betrieb auf, Ende des 19. Jh. schipperten vier Boote über den Rhein.

1934 wurde eine der Fähren wegen des Neubaus der Dreirosenbrücke eingestellt, doch aufgrund der enormen Popularität der Fähren führte man 1989 die vierte als Ueli-Fähre wieder ein. Wie eh und je stehen nun Basler und Besucher an den Anlegestellen, betätigen zum Rufen des Fährmanns die Klingel und schaukeln dann gemächlich, als spiele Zeit keine Rolle, über den Rhein.

› St.-Alban-Fähre **Wilde Maa**:
  St.-Alban-Tal - Schaffhauser Rheinweg
› Münster-Fähre **Leu**:
  Münster - Oberer Rheinweg
› Klingentalfähre **Vogel Gryff**:
  Totentanz/Rheinweg - Kaserne/Unterer Rheinweg
› St.-Johanns-Fähre **Ueli**:
  St. Johann/Elsässerrheinweg - Unterer Rheinweg
› www.faehri.ch, ganzjähriger Betrieb, April-Okt. tgl. 9- mind. 19 Uhr, sonst 11-17 Uhr, einfache Fahrt CHF 1,60

ins Grün der Paul-Sacher-Anlage direkt am Rhein. Es ist dem Leben und Werk des bedeutenden **Schweizer Eisenplastikers Jean Tinguely** (1925–1991) gewidmet. Der Bau stammt von dem berühmten Tessiner Architekten Mario Botta, eröffnet wurde das von Hoffmann-La Roche finanzierte Museum 1996.

Die permanente Ausstellung **zeigt bewegliche, teils monumentale Maschinenplastiken** aus allen Schaffensperioden, die großteils in Gang gesetzt und sogar bestiegen werden dürfen – ein lehrreicher Spaß für die ganze Familie! In der

▲ *Ein Kuriosum des Nahverkehrs sind die Basler Rheinfähren*

Entdeckungen außerhalb

Zentralhalle sind an die 20 solcher beweglicher Skulpturen aus Schrott und Lampen, Kuriosem und Reellem aufgestellt und es rattert, quietscht, kracht und pufft ununterbrochen.

Daneben geben regelmäßig Sonderausstellungen Einblicke in das Schaffen von Tinguelys Weggefährten und Zeitgenossen sowie andere moderne Kunstrichtungen. Zum Museumskomplex gehören ein hübsches Café mit Plätzen auf einer Terrasse zum Rhein hin sowie ein bunt sortierter Museumsshop.

> Paul-Sacher-Anlage 2, www.tinguely.ch, Di.–So. 11–18 Uhr, CHF 15, Station: „Tinguely Museum" (Buslinien 31 und 38)

EXTRATIPP

Weitere sehenswerte Basler Stadtviertel
> **Bruderholz:** Gartenstadt von 1913 im Süden Basels, beliebtes Naherholungsgebiet
> **Gundeldingen:** 1874 entstandenes Arbeiterviertel südlich des Bahnhofs SBB, mit Gundelinger-, Dornacher- und Güterstraße als Hauptachsen, heute In-Viertel
> **Breite:** ostwärts anschließend an die St.-Alban-Vorstadt entlang dem Rhein bis Birsfelden reichend mit Birsköpfli (s. S. 40) als Badeort und schönem Pfad entlang der Birs
> **St. Johann:** reizvolle Einkaufssträßchen und Restaurants um die St. Johanns-Vorstadt im Nordwesten der Stadt
> **Matthäus und Klybeck:** einstiges Industrieareal nördlich der Johanniterbrücke auf Kleinbasler Seite, heute Türken- und In-Viertel mit einer Menge an Szenebars, billigen Läden u. a.

In Basel ballt sich alles auf engstem Raum und das meiste kann zu Fuß besichtigt werden. Wer ein bisschen Zeit übrig hat, sollte zumindest punktuell auch das Umland besuchen. Nachfolgend werden ein paar schnell erreichbare Ziele vorgeschlagen, die man selbst bei einem Kurzaufenthalt problemlos einbauen kann und die das vielseitige Angebot außerhalb Basels gut repräsentieren.

㉙ Fondation Beyeler ★★★

In einem architektonisch ungewöhnlichen Bau von Renzo Piano befindet sich im Basler Vorort Riehen die sehenswerte Kunstsammlung des Galeristenehepaars Beyeler.

Die nordöstlich von Basel gelegene Gemeinde **Riehen** ist leicht mit der Tram 6 erreichbar. Der Ort war im 6. Jh. von Alamannen gegründet worden und ist neben Bettingen die zweite Landgemeinde des Stadtkantons. Riehen ist Dorf geblieben und fungiert als Naherholungsgebiet und „Schlafzimmer" Basels.

Bekannt ist die Region für die hier produzierten Kirschen und für die Fondation Beyeler – ein **besonderes Museum, architektonisch wie inhaltlich**. Die beachtliche Sammlung von Kunst des späten 19. und 20. Jh., die von dem Galeristenehepaar Hildy und Ernst Beyeler (Galerie: Bäumleingasse 9 [H9]), zusammengetragen worden war, erhielt 1997 mit einem sehenswerten, wenn auch nicht spektakulären **Bau von Stararchitekt Renzo Piano** den passenden Rahmen.

Nach der Devise des Architekten sollte der Bau der Kunst dienen und

Entdeckungen außerhalb

Spät- bzw. Postimpressionismus (z. B. Cézanne und van Gogh) bis hin zu Kubismus, Expressionismus und anderen modernen Stilen. Künstler wie Miró, Mondrian, Kandinsky, Matisse, Klee, Picasso, aber auch Baselitz, Kiefer oder Tàpies, Warhol, Lichtenstein oder Bacon sorgen für das hohe Ansehen des Museums. Hinzu kommen rund 25 Skulpturen aus Afrika, Alaska und Ozeanien sowie regelmäßig bedeutende Wechselausstellungen und Konzerte.

In unmittelbarer Nachbarschaft zur Fondation Beyeler befindet sich der **Kunst Raum Riehen**. Hier gibt es quasi als „Ausblick" und Ergänzung zur Fondation Beyeler wechselnde Ausstellungen zu regionalem zeitgenössischen Kunstschaffen aller Sparten.

> Fondation Beyeler, Baselstr. 101, Tram 6 bis Station „Fondation Beyeler", www.beyeler.com, tgl. 10 – 18 Uhr, Mi. 10 – 20 Uhr, CHF 25

> Kunst Raum Riehen, Baselstr. 71, www.kunstraumriehen.ch, Mi. – Fr. 13 – 18 Uhr, Sa. u. So. 11 – 18 Uhr, Eintritt frei

nicht umgekehrt und deshalb entstand ein **eher schlichtes Gebäude** aus parallel verlaufenden Längsmauern, verglasten Stirnseiten und Wintergarten mit Ausblick. An der westlichen Längsseite ist der Bau mit rotem Porphyr verkleidet und mit einem Glasdach versehen. 1999/2000 wurde im Norden ein Saal für Sonderausstellungen hinzugefügt. Umgeben wird der Komplex von einem englischen Landschaftsgarten, in dem die angeschlossene Berower Villa (beherbergt Restaurant und Verwaltung) steht.

Die hier ausgestellte Auswahl von rund 200 Kunstwerken von etwa 40 Künstlern repräsentiert einerseits den Geschmack der Sammler, gibt andererseits aber auch einen guten **Querschnitt durch die klassische Moderne:** vom Impressionismus mit Monet und seinen „Seerosen" über den

❸⓿ Rheinhafen Kleinhüningen ★ [H2]

Nördlich der Stadt breitet sich der Hauptteil von Basels Rheinhafen aus. Er liegt im Stadtteil Kleinhüningen, direkt an der Grenze zu Deutschland und Frankreich, erreichbar mit der Tram 8. Er bildet den Kern des sogenannten **Rheinhafens beider Basel:** Außer in Kleinhüningen befinden sich Teile der Hafenanlagen in St. Johann, beides Basel-Stadt, weitere in Birsfelden und Au/Muttenz, die zu Basel-Land gehören.

Obwohl im 19. Jh. bereits erste Dampfschiffe bis Basel fuhren, begann die moderne Rheinschifffahrt in Basel erst zu Beginn des 20. Jh. Der

Basel entdecken
Entdeckungen außerhalb

> **EXTRATIPP**
>
> **Was Spielzeug und Wein gemein haben**
>
> Mitten im alten Dorfzentrum von Riehen liegt neben der gotischen Dorfkirche das Wettsteinhaus. Der Basler Bürgermeister Johann Rudolf Wettstein ließ es 1640 zum Landgut umbauen. Heute beherbergt der renovierte Gutshof das **Spielzeugmuseum** – eine der größten europäischen Spielzeugsammlungen. Im **Dorf- und Rebbaumuseum Riehen** wird aber auch im selben Gebäude das Leben im früheren Riehen vorgestellt und geht es passenderweise im Keller um die Bedeutung des Weinbaus für die ganze Region.
>
> ❯ Baselstr. 34, Tram 6 bis Station „Riehen Dorf", www.spielzeugmuseumriehen.ch, Mi.–Mo. 11–17 Uhr, CHF 7

Initiative von Rudolf Gelpke (1873–1940) war es zu verdanken, dass die Güterschifffahrt fortan auf dem Rhein bis Basel reichte und dass 1919 beim ehemaligen Fischerdorf Kleinhüningen ein Hafen gebaut wurde.

Zunächst entstand das 480 m lange, 50 bis 90 m breite und 5 m tiefe Hafenbecken 1, 1946 nahm man dann das 700 m lange Hafenbecken 2 in Betrieb, in dem bis heute vor allem Schüttgüter umgeschlagen werden. **Wahrzeichen** des Hafens ist der 1925 erbaute Getreidesilo am Hafenbecken 1, von dessen Turm mit Aussichtsterrasse (geöffnet wie Museum) man einen guten Überblick erhält.

Auch wenn der Hafen an sich keine spektakuläre Attraktion ist, lohnt ein Spaziergang entlang der Rheinpromenade zum Dreiländereck. Dabei passiert man „Das Schiff" (s. S. 37), ein beliebtes Event- und Restaurantboot, einen kleinen Yachthafen und die Anlegestelle der Wassertaxis und Personenschiffe. Den Endpunkt bildet die blütenartig aufstrebende **Metallskulptur der „Sri Chinmoy Peace Blossom"**, kreiert von dem indischen Guru gleichen Namens, die das Dreiländereck markiert.

Ebenfalls am Hafen sollte man sich die **Ausstellung „Verkehrsdrehscheibe Schweiz und unser Weg zum Meer"** nicht entgehen lassen. Das

◀ *Im Park des Museums Fondation Beyeler*

▶ *Metallskulptur Sri Chinmoy Peace Blossom am Dreiländereck*

Basel entdecken
Entdeckungen außerhalb

Schifffahrtsmuseum befindet sich am Hafenbecken 1 in einer ehemaligen Lagerhalle. Der Schwerpunkt liegt auf der Güterschifffahrt, doch kommen auch andere Verkehrsmittel (Schiene, Straße, Luft) zur Sprache. Zudem werden die Hochseeschifffahrt unter Schweizer Flagge und die Personen- sowie Kabinenschifffahrt ab Basel vorgestellt. Neben Schiffsmodellen und Schautafeln ist ein Modell des Basler Hafens aus den 1980er-Jahren sehenswert. Nach der Besichtigung weiß man z. B. Bescheid über die Rheinschifffahrt von Basel bis ins 850 km entfernte Rotterdam und darüber, dass etwa 18 % des Schweizer Außenhandels über den Basler Rheinhafen laufen.

> **Verkehrsdrehscheibe Schweiz und unser Weg zum Meer,** Westquaistr. 2, Tram 8 bis Endhaltestelle in Kleinhüningen, www.verkehrsdrehscheibe.ch, Tel. 061 6314261, März–Nov. Di.–So. 10–17 Uhr, Dez.–Feb. Di., Sa., So. 10–17 Uhr, CHF 6

Östlich des Hafenareals liegt der Kern des **ehemaligen Fischerdorfs Kleinhüningen.** Zu Beginn des 20. Jh. eingebürgert, hat sich der Stadtteil bis heute in einigen Bereichen um die Dorfstraße, die Pfarr- und Schulgasse seinen Dorfreiz bewahrt.

㉛ Augusta Raurica ★★

Der größte archäologische Park der Schweiz gibt einen faszinierenden Einblick in Leben und Welt der alten Römer. Sie hatten hier am Rhein einst eine große Stadt erbaut.

Rund zehn Kilometer östlich von Basel und leicht per Bus erreichbar befinden sich auf Gemeindegebiet von Augst (Kanton Basel-Landschaft) und Kaiseraugst (Kanton Aargau) die Reste der antiken Römerstadt

▼ *Ausstellung „Verkehrsdrehscheibe Schweiz und unser Weg zum Meer" am Kleinhüninger Hafen*

Basel entdecken
Entdeckungen außerhalb

Augusta Raurica, die zugleich den **größten archäologischen Park der Schweiz** bilden.

Augusta Raurica heißt nach antiker römischer Schreibweise korrekt *Colonia Augusta Rauracorum*. Gegründet wurde die Stadt am Südufer des Rheins im Jahre 44 v. Chr. durch Cäsars Feldherrn Lucius Munatius Plancus. Allerdings war zunächst im Stammesgebiet der keltischen Rauriker nicht viel los und erst als unter Kaiser Augustus die Römer um 15 v. Chr. ihre Macht dauerhaft auch jenseits der Zentralalpen ausdehnten und einen groß angelegten Feldzug starteten, ging es mit der Siedlung aufwärts. Wie eine gefundene Grabinschrift eines Munatius Plancus belegt, war der Ort damals als Veteranenkolonie auf der Nordseite der Alpen wiederbelebt und ausgebaut worden. Augusta Raurica ist eine von drei gezielt geförderten augusteischen Koloniegründungen im nördlichen Voralpengebiet: Mit *Augusta Praetoria*, heute das italienische Aosta, und *Augusta Vindelicum*, dem heutigen Augsburg, bildete es ein Dreieck über die Alpen, vom Rheinknie bis zur Donau und diente damit als **römische Operationsbasis gegen die Germanen**.

Die antike römische Stadt entstand auf einer Hochebene mit steilen Böschungen unweit des Rheinufers. Die Lage der wichtigen öffentlichen Gebäude wurde ebenso **systematisch geplant** wie das Straßensystem im Gitterraster, dabei bildete der Tempel des Jupiter das Zentrum. Der Ort entwickelte sich rasch zu einer römischen Stadt beachtlicher Größe, die zwischen dem 1. Jh. und etwa 250, als ein Erdbeben wütete, ihre Blütezeit erlebte.

Rund **20.000 Menschen** lebten damals in Augusta Raurica. Hand-

▼ *Das antike römische Theater in Augusta Raurica*

Basel entdecken
Entdeckungen außerhalb

werk und kulturelles Leben florierten, es gab ein großes Theater, ein Amphitheater, ein Hauptforum (Hauptplatz) und verschiedene kleinere Foren (Plätze), einen Aquädukt, diverse Tempel sowie öffentliche Bäder. Nach dem schon erwähnten Erdbeben trugen dann vermehrt kriegerische Einfälle alemannischer Horden im Laufe des späten 3. Jh. zum allmählichen Niedergang bei. Die Stadt wurde sukzessive aufgegeben und eine kleine Festung direkt am Rhein, das spätere **Kaiseraugst**, entstand.

Deshalb ist das Gelände heute zweiteilig: Es gibt die (interessantere) **Oberstadt** in Augst und die **Unterstadt** direkt am Rheinufer in Kaiseraugst. Von der Oberstadt, dem Siedlungszentrum, sind noch Reste einiger Tempel, des Forums, des großen Theaters sowie des Amphitheaters erhalten. Am Südwestende des Forums gegenüber dem Museum und neben dem Parkplatz stand ein **großer Podiumstempel mit Altar**, der dem Kaiserkult diente und der Stadtgöttin Roma geweiht war. Hier befand sich auch der *umbilicus*, der Ausgangspunkt des Stadtvermessungsnetzes, und hier schneiden sich daher die beiden Hauptachsen der Stadt, *decumanus* und *cardo*.

Zu den besonders beeindruckenden Überresten gehört das **Theater**. Im ehemaligen Stadtzentrum gelegen wurde es mehrmals umgebaut. Es bildet mit dem gegenüberliegenden, etwa gleichzeitig entstandenen

▲ *Nicht versäumen: das sehenswerte Museum von Augusta Raurica mit Skulpturengarten*

Entdeckungen außerhalb

KLEINE PAUSE

Landgasthof Adler
Im Dorfzentrum von Kaiseraugst, über der Schiffsanlegestelle, befindet sich dieser beliebte Gasthof mit gemütlicher Terrasse. Neben Tagesangeboten ab CHF 14,90 gibt es im Haus auch Gästezimmer (drei EZ und fünf DZ).
› Landgasthof Adler, Dorfstr. 35, Kaiseraugst, Tel. 061 8111111

Podiumstempel auf dem Schönbühl (ca. 50–75 n. Chr.) eine architektonische Einheit und liegt auf einer Achse. Das Theater von Augusta Raurica gilt als die besterhaltene antike Anlage nördlich der Alpen. Bereits vor 150 Jahren hat man große Teile davon freigelegt, 2007 wurde es nach einer umfassenden Renovierung neu eröffnet und dient heute verschiedenen Musikveranstaltungen, auch Konzerten im Rahmen des Festivals der Stimmen (siehe „Zur richtigen Zeit am richtigen Ort").

Ebenfalls vielseitig genutzt wurde das **Amphitheater,** das um 200 n. Chr. zusätzlich zum Theater entstand und fortan als szenisches Theater diente. Die große ovale Arena im Südwesten fasste in römischer Zeit rund 6000 Zuschauer, die den stattfindenden Tierhetzen und Gladiatorenkämpfen zusahen.

Auch Reste der **Curia,** des Rathauses, sind erhalten. Es bildete den östlichen Abschluss des sich hinter dem Theater ausbreitenden Forums. 100 Ratsherren *(decuriones)* und zwei Bürgermeister *(duumviri)* bestimmten hier über die Geschicke der Siedlung. Der darunterliegende Keller diente vermutlich als Schatzkammer oder Lagerraum, heute befindet sich dort eine Mosaikausstellung. Nicht weit entfernt entdeckte man unter einer Thermenanlage ein unterirdisches sogenanntes Brunnenhaus. Welchen Zweck dieser Bau tatsächlich erfüllte, ist unklar, zumal man eine Reihe von Skeletten fand.

Das **Aquädukt,** das Augusta Raurica von Liestal her mit Trinkwasser aus der Ergolz versorgte, ist ebenfalls noch stellenweise erhalten. Dazu kommen verschiedene private Gewerbebauten wie eine Taverne, eine Bäckerei, eine Töpferei und Ziegelbrennöfen sowie Teile der Abwasserkanäle.

Das relativ kleine **Museum Augusta Raurica** kann aufgrund der Ausmaße der antiken Stadt immer nur einen Ausschnitt der über 1,5 Millionen zutage getretenen Fundobjekte zeigen. Das angrenzende **Römerhaus** vermittelt eine gute Vorstellung davon, wie die Menschen in Augusta Raurica zur Römerzeit gewohnt und gearbeitet haben: Läden und Werkstätten zur Straße hin, dahinter die Privaträume, u. a. Küche, *Triclinium* (Speiseraum) und Thermen. Dieser Nachbau war übrigens einst Vorbild für römische Hausrekonstruktionen in ganz Europa.

Highlight des Museums ist der einzigartige **Silberschatz von Kaiseraugst,** der im Augenblick großer Gefahr von den Besitzern vergraben und aus unbekannten Gründen nie mehr gehoben worden ist. Das Museum gliedert sich in mehrere Ausstellungsbereiche: „Götter im Haus" (Hausheiligtümer, Lararien) oder „Geld" sind zwei davon. Die Abteilung „Geschenke" beschäftigt sich mit dem erwähnten Silberschatz und seinen 270 Objekten – Platten, Schüsseln, kunstvolle Tischgeräte und Münzen –, die zusammen rund 58 kg reines Silber ergeben! 1961 wurden Teile des Sil-

Basel entdecken
Entdeckungen außerhalb

EXTRATIPP

Veni, vidi, vici – eine Zeitreise zu den „alten Römern"
Seit 1992 findet am letzten Augustwochenende auf dem Gelände von Augusta Raurica das größte Römerfest der Schweiz statt. Auf unterhaltsame Weise soll die antike Vergangenheit Besuchern, v. a. Kindern, nahegebracht werden.

Über 400 Mitwirkende hauchen den Ruinen wieder Leben ein und lassen die römische Antike möglichst authentisch aufleben. Neben Workshops zu verschiedensten Themen gibt es antik-römische Spezialitäten wie die beliebte Römerwurst. Wagenrennen, Box- und Gladiatorenkämpfe werden veranstaltet und im Theater Stücke aufgeführt.

› Infos: www.augusta-raurica.ch, www.roemerfest.ch

berschatzes durch eine Baumaschine beschädigt, entwendet, versteckt oder weggeworfen. Erst 1995 gelangten 18 Silbergefäße aus einer anonymen Erbschaft wieder in den Besitz der Behörden. Sehenswerte Teile sind das Ariadnetablett, die Achillesplatte (beide 1. Jh. n. Chr.) oder ein Medaillon des jungen Kaisers Constans für die Reichsfeiern im Jahr 338 n. Chr. Auch eine lebensgroße Bronzebüste der Göttin Minerva, zwei Silberstatuetten von Herkules und Minerva, ein Goldcollier und ein Teil einer Elfenbeintafel sind ausgestellt.

Neu arrangiert wurden erst unlängst die **Steindenkmäler** – Skulpturen, Baudenkmäler, Altäre, Grabsteine und Grab-, Weih- und Bauinschriften – im neuen *Lapidarium* neben dem Römerhaus. Auch andere Bauteile und Bauschmuck sind hier ausgestellt.

Basel entdecken
Entdeckungen außerhalb

Zum Areal gehört auch ein „römischer Tierpark", in dem alten Tierrasse gezüchtet werden. Anhand der Erforschung ausgegrabener Tierknochen wurden wichtige Erkenntnisse über die Haustierhaltung der Römerzeit gewonnen, die man hier veranschaulicht.

Am Rheinufer, im heutigen Kaiseraugst, erstreckte sich das **spätrömische Kastell**, das Castrum Rauracense. Der Fall des Obergermanisch-Rätischen Limes (260–280 n. Chr.) und das damit zusammenhängende Vordringen germanischer Gruppen in vormals römisches Hoheitsgebiet machte aus Augusta Raurica plötzlich wieder eine Grenzstadt. So entstand direkt am Rhein um 300 n. Chr. dieses Kastell. Innerhalb der Befestigung lebte jedoch nicht nur Militär, auch Gewerbe und Handwerk siedelten sich an und die verbliebene Zivilbevölkerung wohnte hier. Aus diesem Grund wurden auch hier Reste öffentlicher Bauten entdeckt, beispielsweise die Rheinthermen.

Teile der Befestigungsmauer sind noch verstreut zu sehen. Sie umschloss den Militärstützpunkt und Brückenkopf ringsum, war 4,5 m hoch und an die 4 m stark. Die Mauer war unter Verwendung von Überresten aus den zerstörten Stadtquartieren gebaut worden: Türschwellen, Gesimse, Säulentrommeln, Kapitelle und Inschriftquader sind besonders an der Südwestecke zu sehen. Hier befindet sich auch ein **Baptisterium**, eine frühchristliche Kirche, in der vom 4. bis ins 7. Jh. hinein der Bischof residierte. Der erwähnte bedeutendste römische Silberschatz nördlich der Alpen wurde ebenfalls an der alten Festungsmauer gefunden.

Schon um 1580 hatten erste Ausgrabungen auf dem Areal stattgefunden und 1881 war die Stadt unter Denkmalschutz gestellt worden. Bis heute finden auf dem weitläufigen Gelände der antiken Stadt **fortlaufend Ausgrabungen** statt, vor allem in den Randbereichen, wo Bebauung droht. Augusta Raurica ist noch längst nicht vollständig erforscht bzw. ausgegraben. Derzeit stehen vor allem Straßen und Wasserleitungen, d. h. die Infrastruktur der antiken Stadt, im Vordergrund der Forschungen.

› Giebenacherstr. 17, S-Bahn bis Kaiseraugst oder Bus 70 ab Basel Aeschenplatz bis Augst, Tel. 061 8162222, www.augusta-raurica.ch, Museum mit Römerhaus: Mo. 13–17 Uhr, Di.–So. 10–17 Uhr (Nov.–Feb. Di.–So. ab 11 Uhr), CHF 7, Außenanlagen: tgl. 10–17 Uhr, Eintritt frei, Führungen durch Basel Tourismus. Ein kleiner Museumsshop lockt mit Replikaten, Schmuck, Öllämpchen, Münzen usw. sowie archäologischer Literatur.

32 Saline Schweizerhalle ★

Seit 1837 versorgt die **Saline Schweizerhalle** die Schweiz mit Salz. Im Jahr zuvor war der deutsche Bergbaufachmann und Freund Goethes, **Carl Christian Friedrich Glenck** (1779–1845), in der Gemeinde Muttenz nahe Basel bei einer Bohrtiefe von 107 m endlich auf einen ergiebigen Salzstock gestoßen. Zuvor hatte er bei 17 erfolglosen Bohrungen in acht Kantonen fast sein gesamtes Vermögen aufs Spiel gesetzt.

◀ *Im Museum Augusta Raurica wird die Römerzeit zu neuem Leben erweckt*

Basel entdecken
Entdeckungen außerhalb

Am 7. Juni 1837 wurde also dank Glenck am Rhein die **erste schweizerische Saline** aus der Wiege gehoben. Weitere Firmen zogen bald nach. Chemische Industrie und Badebetriebe (Sole-Heilbäder) folgten. 1909 schlossen sich die Unternehmen der Region zu den „Schweizer Rheinsalinen" u. a. mit Standorten am Ursprungsort, in der Schweizerhalle sowie im nahen Riburg zusammen. Pro Jahr werden heute über 500.000 t Salz produziert, wobei sich das Werk mittlerweile im Besitz der Kantone (außer Kanton Waadt), des Fürstentums Liechtenstein und der Südwestdeutschen Salzwerke AG befindet.

Am Firmensitz in der Gemeinde Pratteln im Kanton Basel-Land auf halbem Weg nach Augst lässt sich die Gewinnung des Rohstoffes von der Sole bis zum Salzkristall nachverfolgen. Es werden vor allem die JuraSel-Speisesalze und Reosal-Regeneriersalze zur Wasserenthärtung hergestellt. Wer Zeit hat, sollte sich unbedingt für eine **Tour und den Museumsbesuch** anmelden. Besonders „Die Salzkammer" in der um 1860 erbauten Villa des Sohnes des Salinengründers Otto von Glenck lohnt, da hier anschaulich die verschiedenen Salzarten, Nährwert, Symbolkraft sowie Salzproduktion und -verwendung dargestellt werden. Sehenswert sind auch die Modelle, die der heutige Salinendirektor selbst gebaut hat, und die große Salzstreuer-Sammlung.

Koch- oder Siedesalz wird heute aus Steinsalzschichten im nahegelegenen Jura aus Tiefen bis zu 400 m gewonnen. Das Salz wird dabei mit-

> **KLEINE PAUSE**
>
> **Einkehrmöglichkeiten in Pratteln**
>
> › **Gasthof Solbad,** Rheinfelderstr. 2, Pratteln, Tel. 061 8215240, www.gasthofsolbad.ch, geöffnet Sept.–Mai Mo.–Fr. 9–14.30 u. 17–23.30 Uhr, Bus 70/80 bis „Saline", zugleich Linienschiffsanlegestelle „Schweizerhalle". Das gehobene Restaurant ist bekannt für mediterrane Fischspezialitäten, beherbergt aber auch ein preiswerteres Bistro und ein Selbstbedienungsrestaurant. Im Sommer: Sommerpark am Rhein, Pavillonrestaurant (Juni-Anf. Sept. tgl.) v. a. beliebt zum Brunch und zum Captain's Dinner.
>
> › **Gasthof zur Saline Schweizerhalle,** Rheinstr. 23, Pratteln, Tel. 061 8216172, www.gasthof-saline.ch, Bus 70 bis „Saline". Der Gasthof mit handfester Hausmacherkost und preiswerten Tagesmenüs (auch vegetarisch) vermietet auch Gästezimmer.

▶ *Für Kunstfreunde ein Muss: das Vitra Design Museum in Weil*

Basel entdecken
Entdeckungen außerhalb

tels Wasserzufuhr ausgelaugt. Die so entstandene konzentrierte Salzlösung fließt durch Pipelines zum Sammeltank des Bohrfelds und von dort zur Saline. Nach Enthärtung und Kristallisationsprozess in riesigen Verdampfern wird der nasse Salzbrei in Zentrifugen geleitet und bei hoher Drehzahl geschleudert, damit Wasser und Salz getrennt werden und maximal 2 % Restfeuchtigkeit bleibt. Früher wurde in großen Pfannen eingekocht oder gesotten, daher der Name „Kochsalz" oder „Siedesalz".

Neben Speisesalz werden Regenerier-, Gewerbe- und Landwirtschaftssalze (Viehlecksteine), Auftau-, Pharma- und Badesalze hergestellt. Es gibt grundsätzlich **drei Arten von Salz:** das oben beschriebenes Kochsalz, Meersalz, das durch Verdunstung von Meerwasser in Lagunen oder künstlich angelegten Salzgärten entsteht, und Steinsalz. Letzteres wird trocken aus Salz-Gesteinsschichten abgebaut, meist unter Tage in Salzbergwerken, gelegentlich oberirdisch in Salzwüsten.

Ein Abstecher zur Saline lohnt aber schon allein wegen des **Salzladens,** der eine große Auswahl an Salzen aus aller Welt, dazu Salzsteine, kosmetische Salzprodukte sowie Souvernirs, Infos und Leckereien mit Salz wie Schokolade oder Mandeln, anbietet.

› **Saline Schweizerhalle,**
Rheinfelderstraße, Pratteln, www.saline.ch, Bus 70/80 bis Haltestelle „Saline", Führungen CHF 5, Museum CHF 8 (nur nach Anmeldung unter: Tel. 061 8255151, besuch@saline.ch), mit Salzladen (Düngerstraße 51a, neben der Bushaltestelle, Mo.–Fr. 13.30–18.30 Uhr, www.salzladen.ch)

33 Vitra Design Museum

Bereits in Deutschland, im grenznahen Weil am Rhein, dennoch leicht per Stadtbus Nr. 55 erreichbar, befindet sich das Vitra Design Museum. Es handelt sich um eines der weltweit führenden Museen für industrielles Möbeldesign und Architektur und ist deshalb für Kunstfreunde ein Muss.

Basel entdecken
Entdeckungen außerhalb

Das internationale Unternehmen Vitra mit Hauptsitz in der Schweiz stellt Möbel bedeutender Künstler her und arbeitet mit zeitgenössischen Designern zusammen mit dem Ziel, die Wohnqualität zu steigern. 1989 wurde das Museum als unabhängige Kulturinstitution ins Leben gerufen, um Entwicklungen in Design und Architektur zu demonstrieren. Der renommierte kalifornische Architekt Frank O. Gehry entwarf den ausdrucksstarken, **aus verschiedenen weißen Baukörpern, Kuben, Türmen und Rampen, zusammengesetzten Komplex** – sein erstes in Europa realisiertes Gebäude. Am 3. November 1989 öffnete das Vitra Design Museum seine Pforten.

> **EXTRATIPP**
>
> **Fondation Beyeler**
> Die Besichtigung des Vitra Museums ist kombinierbar mit einem Besuch der Fondation Beyeler ㉙.
> Ab Vitra Museum Bus 55 bis Weil (Läublinpark), dann Nr. 16 Richtung Riehen/Weilstraße, von dort Tram 6 bis Fondation Beyeler.

Im Inneren befindet sich **eine der umfangreichsten Sammlungen des modernen Möbeldesigns.** Alle wichtigen Epochen und Stile vom Anfang des 19. Jh. bis heute sind vertreten, die großen Wiener Architekten, Stahlrohrmöbel der 1920er- und 1930er-Jahre sowie skandinavisches Design von 1930 bis 1960, italienische Entwürfe und aktuelle Entwicklungen. Einen Schwerpunkt der Sammlung bildet die amerikanische Designentwicklung von den Shakern – eine für ihre Handwerkskünste berühmte Religionsgruppe Nordamerikas – bis zu den postmodernen Möbeln eines Robert Venturi. Wenn Wechselausstellungen (wie zuletzt zu Le Corbusier) stattfinden, ist der Dauerbestand leider nicht zu sehen.

Zum Komplex gehören ein umfangreiches Archiv, eine Bibliothek und ein gut sortierter Designshop. Zudem befindet sich auf dem Vitra-Firmengelände ein **Architekturpark** mit Originalbauten großer Architekten, die in eigens veranstalteten Architekturführungen besichtigt werden können. So plante der Japaner Tadao Ando einen Konferenzpavillon – ebenfalls eine Europa-Premiere. Die *Firestation* der in London lebenden Architektin Zaha Hadid ist ein weiterer Höhepunkt, zumal es das erste realisierte Werk der heute weltweit bekannten iranischen Architektin ist.

Vom Reißbrett des portugiesischen Architekten Alvaro Siza stammt eine puristisch anmutende, ziegelverkleidete Fabrikationshalle, die mittels einer brückenartigen Dachkonstruktion mit der benachbarten Halle verbunden ist. Im Februar 2010 wurde ein weiteres architektonisch außergewöhnliches Haus von den Basler Architekten Herzog und de Meuron vollendet: das VitraHaus, die Heimat der Vitra Home Collection. Der Architekturpark in Weil birgt außerdem zwei baugeschichtliche Kostbarkeiten: eine kuppelförmige Zeltkonstruktion des amerikanischen Architekturvisionärs Richard Buckminster Fuller und ein demontierbares Tankstellenhäuschen des französischen Konstrukteurs Jean Prouvé.

› Charles-Eames-Str. 1, Weil am Rhein, www.design-museum.de, tgl. 10–18 Uhr, CHF 8, mit Architekturführung CHF 14,50, Bus 55 ab Basel Claraplatz bis Station „Vitra" (Aufschlag mit Mobility Ticket)

Praktische Reisetipps

An- und Rückreise

Mit dem Auto

Wer aus Deutschland bzw. aus dem Norden anreist, erreicht Basel über die Autobahn A5/E35 (Freiburg–Karlsruhe) und den Grenzübergang Basel-Weil (D) bzw. Rheinhafen Kleinhüningen (CH). Auf der Bundesstraße 317 (Schwarzwald) überschreitet man in Riehen die Grenze. Vom Bodensee bzw. Österreich (Bregenz) aus gelangt man über die Autobahn A1 nach Zürich und von dort auf der A3 nach Basel.

Für die Fahrt auf einer Schweizer Autobahn ist eine **Vignette** nötig, sie kostet in Zoll- oder Postämtern CHF 40, beim ADAC 34,50 €. Wer nur nach Basel reist, kann sich das Geld sparen und über Bundesstraßen (Weil oder Lörrach) einreisen.

Mit der Bahn

Die drei Bahnhöfe in Basel werden stündlich mehrmals von Zügen aus dem In- und Ausland angefahren: Badischer Bahnhof (EC- und IC-Netz aus Deutschland), Bahnhof SBB (aus Restschweiz, Frankreich, auch direkte Verbindung mit ICE von/nach Deutschland) sowie Bahnhof St. Johann (regionale S-Bahn, Nahverkehr Nordwestschweiz und Elsass).

Sieben ICE- und EC-Linien verbinden Deutschland und die Schweiz direkt zu Preisen ab 39 € mit dem „Europa-Spezial Schweiz". Daneben werden diverse andere Specials angeboten. Günstig für die Anreise aus Norddeutschland ist die City Night Line (www.citynightline.de). Die Schweizer Bahnen SBB bieten ebenfalls eine breite Palette an **günstigen Spezialtickets** an, z. B. den Swiss Pass (für unterschiedliche Zeitdauer, ein oder zwei gemeinsam reisende Personen bzw. Jugendliche), den Swiss Flexi Pass (für eine bestimmte Zahl von Reisetagen pro Monat), das Swiss Transfer Ticket (von der Schweizer Grenze zum Reiseziel und zurück) oder die Swiss Half Fare Card (wie Transfer Ticket plus 50 % Rabatt für weitere Fahrten). **Kinder** von 6–16 Jahren fahren mit diesen Tickets gratis – Kleinkinder unter 6 Jahren fahren immer umsonst. Auf diese Weise lässt sich Basel leicht mit anderen Schweizer Zielen verbinden.

› **Hinweis:** Weitere Informationen zu den Swiss Travel System Fahrausweisen gibt es auf www.swisstravelsystem.ch oder gebührenfrei unter Tel. 00800 100 200 30 bzw. www.MySwitzerland.com (Schweiz Tourismus).

Mit dem Flugzeug

Der **EuroAirport Basel-Mulhouse-Freiburg** im Nordwesten der Stadt liegt halb auf französischem Boden und

Praktische Reisetipps
Autofahren

ist per Buslinie 50 angeschlossen an den Bahnhof SBB (Fahrzeit ca. 15–20 Min.). Mit einem Taxi kostet die Fahrt in die Basler Innenstadt derzeit ca. CHF 40, mit dem Bus CHF 3,80.
› Infos: Tel. 061 3253111, www.euroairport.com

Insgesamt bedienen rund 20 Fluggesellschaften aus fast 60 Städten den Flughafen, der jährlich mehr als vier Millionen Fluggäste verbucht, Tendenz steigend. Für Deutsche interessant sind die **Baselverbindungen** von easyJet (ab Berlin-Brandenburg, Tegel, Düsseldorf, Dresden und Hamburg), Lufthansa (ab Frankfurt, München und Düsseldorf) und Air Berlin (ab Berlin Tegel), für Österreicher jene von Austrian Airlines (ab Wien).

Alternativ böte sich der **Flughafen Zürich-Klothen** an, der z. B. von Germanwings (www.germanwings.com) oder Air Berlin (www.airberlin.com) von vielen deutschen Flughäfen sowie Wien und mit TUIfly (www.tuifly.com) z. B. von Berlin-Tegel, Frankfurt, Hamburg, Hannover oder Wien günstig angeflogen wird.

Autofahren

Allgemeines

Basel ist, da direkt an Deutschland angrenzend, leicht mit dem eigenen Pkw erreichbar. Von München dauert die Fahrt auf der A7 (bis Karlsruhe), dann auf der A5 etwa viereinhalb bis fünf Stunden. Die romantischere Route am Bodensee entlang ist zwar von der Strecke her etwas kürzer, jedoch zeitaufwendiger, da Bundesstraßen benutzt werden.

Eine **Autobahnvignette** für die Schweiz kostet CHF 40 (ein Jahr gül-

Geschwindigkeitsbeschränkungen

› **innerorts:** 50 km/h, 30 km/h in Wohngebieten
› **außerorts:** 80 km/h
› **Autobahnen:** 120 km/h

tig). Es gibt sie bei allen Zollämtern, Poststellen, Tankstellen und Garagen, Straßenverkehrsämtern und bei Basel Tourismus. Die **Benzinpreise** liegen (Stand Februar 2012) bei ca. CHF 1,75 (1,45 €).

Mietwagen gibt es am Flughafen und bei den Vertretungen der üblichen internationalen Mietwagenfirmen, z. B. AVIS, Hertz oder SIXT.

Wegen des gut ausgebauten Nahverkehrs- und Bahnnetzes, der empfehlenswerten BaselCard zur Gratisnutzung des öffentlichen Nahverkehrs (siehe „Basel für Kunst- und Museumsfreunde") und der typisch großstädtischen Verkehrsprobleme (Staus, eingeschränkte Parkmöglichkeiten usw.) ist **zur Erkundung Basels kein Auto nötig.**

Achtung: Die Basler Innenstadt ist ab 13 Uhr komplett für den Autoverkehr gesperrt!

Parken

In weißen Zonen ist zeitlich unbeschränktes Parken möglich, in blauen Zonen darf man von 8–19 Uhr mit Parkscheibe maximal 90 Min. parken, auch Parkuhren sind üblich (etwa CHF 2/Std.). **Parkhäuser** gibt es im Stadtzentrum hinreichend

◂ *Knotenpunkt des Eisenbahnverkehrs ist der Bahnhof SBB* ⓯

(4 Std. Parken kostet tagsüber ca. CHF 12), z. B. die Parkhäuser Aeschen (Aeschengraben 7), Anfos (Henric-Petri-Str.), City (Klingelbergstr./Schanzenstr.), Elisabethen (Heuwaage/Steinentorweg), Rebgasse (Rebgasse 20), Steinen (Steinenschanze), Storchen (Fischmarkt 10), Postzentrum 2 oder SBB (Gartenstr.). In Innenstadthotels muss man fürs Parken mit CHF 20–30 pro Aufenthaltstag rechnen.

Wer einen **Strafzettel** erhalten hat, kann das Bußgeld auf jeder Polizeiwache (24 Std.) oder auf den Polizeiposten (zu den Öffnungszeiten) begleichen (Standorte s. S. 109 und auf www.polizei.bs.ch). Auch jeder uniformierte Polizist nimmt die Buße entgegen. Eine andere Möglichkeit ist, das Strafgeld per Einzahlungsschein bei einer Bank zu bezahlen. Unter www.polizei.bs.ch/verkehr online findet man weitere Infos. Wer seinen Strafzettel verliert (oder negiert), wird angeschrieben. Gleiches gilt auch bei Verkehrskontrollen: Bezahlung vor Ort oder wie beschrieben.

Wichtige Telefonnummern

› **Pannenhilfe/Straßenservice TCS:** Tel. 140
› **Informationen zu Straßenzustand und Verkehrslage:** Tel. 163

Barrierefreies Reisen

Basel-Stadt gilt als sehr **behindertenfreundlich**. Alle größeren Museen, öffentliche Bauten und viele, aber nicht alle Restaurants und Hotels sind barrierefrei (gegebenenfalls bitte vorher erkundigen). Hilfreich können folgende Stellen bzw. Adressen sein:

› „behindertenforum", Klybeckstraße 64, 4057 Basel, Tel. 061 2052929, www.eurokey.ch
› www.barrierefrei-reisen.info
› www.behindertennetz.ch
› Behinderten-Taxi Tixi: Tel. 061 3223030

Die **Regio-Bahnen** (Telefon: 0800 007102, www.regio-s-bahn.ch) gewähren allen Reisenden mit Behinderung Ein- und Ausstiegshilfen. Der **Bahnhof Basel SBB** ist ein Stützpunktbahnhof mit Mobilift, zudem gibt es hier die Bahnhofhilfe (Telefon: 061 2713723).

◂ *Auch mit dem Fahrrad ist man in Basel gut bedient*

Diplomatische Vertretungen

› Deutsches Honorarkonsulat in Basel, Badischer Bahnhof, Schwarzwaldallee 220, CH–4058 Basel, Tel. 0041 (0)61 6933303
› Österreichisches Honorargeneralkonsulat in Basel, Engelgasse 11, CH–4002 Basel, Tel. 0041 (0)61 2713535

Ein- und Ausreisebestimmungen

Die Schweiz gehört zwar nicht zur EU, es besteht jedoch für deutsche und österreichische Staatsangehörige **keine Visumpflicht.** Es gibt zwar weiterhin Grenzkontrollen, doch für die Einreise aus westeuropäischen Ländern genügt ein gültiger Personalausweis. Ein Reisepass ist nur bei Einreise aus osteuropäischen Ländern und aus Übersee nötig.

Lebensmittel sind bei der **Einfuhr in die Schweiz** grundsätzlich zollpflichtig. Geringe Freimengen sind zum zollfreien Import erlaubt (pro Person ab 17 Jahren): 2 l Alkohol unter 15 %, 1 l über 15 % sowie 200 Zigaretten oder 50 Zigarren bzw. 250 g Tabak, zudem Privatwaren bis zu einem Gesamtwert von CHF 300 pro Person.

Hunde und **Katzen** müssen gegen Tollwut geimpft sein (Nachweis durch Attest vom Tierarzt, mind. 30 Tage, max. zwölf Monate vor Grenzübertritt). Gewisse Hunderassen sind meldepflichtig. Hinsichtlich der Deviseneinfuhr bestehen keine Einschränkungen.

› **Infos:** Tel. 061 2871111, www.ezv.admin.ch, Infos der Schweizer Botschaft: Tel. 0228 810080, www.eda.admin.ch

Geldfragen

Währung und Kreditkarten

Der **Schweizer Franken** gilt als **eine der stabilsten Währungen der Welt.** Die offizielle Abkürzung ist „CHF" – nach der lateinischen Bezeichnung für das Land, „Confederatio Helvetica" –, doch auch „Sfr" oder „Fr." sind noch im Gebrauch. Es gibt **Banknoten** zu CHF 1000, 200, 100, 50, 20, 10. Die im Umlauf befindliche, 1995 eingeführte achte Banknotenserie um-

Basel preiswert

› **Tipp Nr. 1:** Der **Bus Nr. 36** ist ideal geeignet für eine preiswerte Stadttour (45 Min. ab Schifflände bis Kleinhüningen, von dort Spaziergang zum Dreiländereck möglich), außerdem lohnt eine Fahrt mit der **Tram 16 und 15** vom historischen Stadtkern durch Gundeldingen, Bruderholz, Bankenviertel, Messeviertel und Kleinbasel.
› **Tipp Nr. 2:** Wer im Sommer Basel bereist, ist dankbar für die in der ganzen Stadt verbreiteten **Trinkwasserbrunnen** mit Wasser von hervorragender Qualität. Die Mitnahme einer Trinkflasche empfiehlt sich.
› **Tipp Nr. 3:** Mit der **BaselCard** (siehe „Basel für Kunst- und Museumsfreunde") erhält man freien Eintritt in 25 Museen, dazu weitere Rabatte. Sie ist auch kombinierbar mit Gratisnutzung des öffentlichen Nahverkehrs für Leute ohne Mobility Ticket.
› **Tipp Nr. 4:** Auch mit einem der **Swiss-Travel-System-Fahrausweise** (www.swisstravelsystem.ch) ist der Eintritt in viele Museen frei und es gibt weitere Vergünstigungen.

Praktische Reisetipps
Informationsquellen

fasst sechs Stückelungen mit folgenden Porträts: CHF 10 (Le Corbusier), CHF 20 (Arthur Honegger), CHF 50 (Sophie Taeuber-Arp), CHF 100 (Alberto Giacometti), CHF 200 (Charles Ferdinand Ramuz), CHF 1000 (Jacob Burckhardt). Ab Ende 2012 sollen neue Köpfe die Noten schmücken.

Münzen gibt es zu CHF 5, 2 und 1, sowie zu 50, 20, 10 und 5 Rappen. Alle zeigen entweder den Libertas-Kopf oder eine stehende Helvetia. Auf dem 5-Franken-Stück ist ein Alphirte (oft als Wilhelm Tell gedeutet) dargestellt. Die Landesbezeichnung ist auf allen Münzen mit „Confederatio Helvetica" oder mit „Helvetia" angegeben.

Kreditkarten werden in größeren Läden und besseren Restaurants, Hotels und sonstigen Einrichtungen akzeptiert, vielfach werden auch Euro angenommen – allerdings zu ungünstigeren Tauschkursen. Mit einer **Maestro-(EC-)Karte** kann an vielen **Bankautomaten** Franken gezogen oder auch in Läden bezahlt werden.

Banken haben großteils Mo.–Fr. 8.30–16.30 Uhr geöffnet. Ein **Geldwechsel** ist z. B. bei Crédit Suisse oder UBS (meist Mo.–Fr. 8.30–16.30 Uhr), außerdem in beiden Bahnhöfen oder am Flughafen gegen geringe Gebühr möglich.

Der **Umrechnungskurs** des Schweizer Franken lautet (Stand Februar 2012, aktueller Tageskurs im Internet unter www.oanda.com):
› 1 € = CHF 1,21
› CHF 1 = 0,83 €.

Preise/Kosten

› **Unterkunft:** ca. CHF 130–200 pro Übernachtung im DZ (zwei Personen), inkl. Frühstücksbuffet und „Mobility Ticket" (Nahverkehr, s. S. 118)
› **Ernährung:** Käse (Markt) ab ca. CHF 2,80/100 g, Bratwurst („Klöpfer") oder andere Snacks am Markstand ca. CHF 5,50, Gipfeli (Croissant) CHF 1,40, Tipp: günstige Snacks bei Bäckereien (wie Sutter) oder in COOP Pronto oder Migros (siehe auch „Basel für Genießer"). Ein Tagesteller bzw. Mittagsmenü in einem Restaurant kostet ab etwa CHF 20, abends wird es teurer.
› **Eintrittspreise** liegen bei Museen bei CHF 10–15. Manche bieten zu bestimmten Zeiten verbilligten Eintritt. Empfehlenswert ist die **BaselCard**, siehe links, für 1, 2 oder 3 Tage (ab CHF 20)
› **Nahverkehr:** Wer nicht in einem Basler Hotel nächtigt und damit kein Mobility Ticket (siehe „Verkehrsmittel") zur Gratisnutzung des öffentlichen Nahverkehrs besitzt, sollte entweder die BaselCard erstehen oder sich ein Eintagesticket (CHF 8,90) bzw. Dreitagesticket (CHF 25) der Verkehrsbetriebe BVB besorgen.

Informationsquellen

Infostellen zu Hause

› **In Deutschland: Schweiz Tourismus**, Rossmarkt 23, 60311 Frankfurt/M. (nur für schriftl. Anfragen), Tel. 00800 10020030 (gratis), www.myswitzerland.com
› **In Österreich: Schweiz Tourismus**, Fach 34, A-1015 Wien, Tel. 00800 10020030
› **In der Schweiz: Schweiz Tourismus**, Tödistraße 7, CH-8002 Zürich, Tel. 041 442881111
› Schriftliche Anfragen an **Basel Tourismus**, Aeschenvorstadt 36, CH-4010 Basel
› **Infos zum Umland: Baselland Tourismus**, Altmarktstr. 96, CH-4410 Liestal www.baselland-tourismus.ch, Tel. 061 9276535

Informationsquellen

Infostellen vor Ort

- **ℹ 160** [H9] **Basel Tourismus im Stadt-Casino**, am Barfüsserplatz/Steinenberg 14, Tel. 061 2686868, www.basel.com, Mo.–Fr. 9–18.30 Uhr, Sa. 9–17 Uhr, So./Feiertage 10–15 Uhr. Neben Broschüren und vielen Infos über Basel und Umgebung auch Unterkunftsvermittlung, Literatur, Karten und Souvenirs, Buchung von Führungen und Stadtrundfahrten sowie Ausflügen, Verkauf von Tickets, Vignetten und der BaselCard (siehe „Basel für Kunst- und Museumsfreunde").
- **ℹ 161** [H11] **Basel Tourismus im Bahnhof SBB**, Centralbahnplatz, Mo.–Fr. 8.30–18, Sa. 9–17, So. 9–15 Uhr, mit Ticketvorverkauf für Veranstaltungen in Basel, Region und der Schweiz statt.

Ticketvorverkauf

- **BaZ (Basler Zeitung)** am Aeschenplatz, Aeschenplatz 7, Tel. 061 2818484, www.baz.ch.
- Billettkasse in der Buchhandlung **Bider & Tanner** (s. S. 27), Aeschenvorstadt 2, Tel. 061 2716591
- Billettkasse **Stadtcasino**, Steinenberg 14, Tel. 061 2737373
- **Musik Hug** (s. S. 27), Freie Strasse 70, Tel. 061 2723395
- **Ticketcorner AG**, Tel. 0900 800800 (CHF 1,19/Min.), www.ticketcorner.ch, mehrere Filialen in Basel: u. a. Manor (Greifengasse), Buchhandlung Thalia (Freie Str. 32) oder Bahnhof SBB [H10]

Die Stadt im Internet

- **www.basel.ch:** offizielle Webseite des Kantons Basel-Stadt mit umfassenden Informationen
- **www.basel.com:** Offizielle Webseite von Basel Tourismus mit Informationen über Stadt und Region sowie ausführlichem Veranstaltungskalender, Möglichkeit zur Hotelreservierung und vielerlei Infos zu Museen, Kultur und Restaurants sowie Touren
- **www.bs.ch:** Behörden- und Verwaltungsratgeber des Kantons Basel-Stadt und der Stadt Basel, aber auch mit Rubriken „Kultur" (mit Link zu **www.baselkultur.ch**) und „Tourismus"
- **www.mybasel.ch:** Tagesaktuelles, Stadtplan, Geschichte, aber auch „Pinboard", Chat, Jobs, Wohnungsvermittlung u. a. findet sich auf dieser Seite. Besonders die Rubrik „Freizeit" ist für Besucher interessant (Kino, Veranstaltungen, Gastronomie, Kultur usw.).
- **www.tourismtrirhena.com:** Seite des Dreiländerecks am Oberrhein.
- **www.visitbasel.ch:** Website, die Besuchern besonders die kulturelle Seite der Stadt zeigen will, neben Touren auch allgemeine Infos.

Publikationen und Medien

Zeitungen

- Die **Basler Zeitung** bzw. BaZ online (www.baz.ch, CHF 2,50) bietet umfassende Nachrichten über die Welt sowie über Basel und Umland. Das täglich beiliegende „bazkulturmagazin" informiert über das Kulturleben und Veranstaltungen in Stadt und Region.
- Seit Ende Oktober 2011 gibt es als Alternative zur BaZ die **TagesWoche** (www.tageswoche.ch), eine Mischung aus Tages- und Wochenzeitung, täglich online und jeweils freitags als Printausgabe.
- Die **Basellandschaftliche Zeitung** (www.a-z.ch/medien/bz) wiederum ist die Zeitung für den Kanton Basel-Land.
- Es existieren daneben zahlreiche **Gratiszeitungen** in Verteilerkästen wie **20 Minuten** (www.20minuten.ch), deren Inhalt nicht immer allen Wün-

Unsere Literaturtipps

Sachkundiges

- Toni Föllmi, Klaus Brodhage: „Basel und seine Kultur", Friedrich Reinhardt Verlag 2002. Schön aufgemachter Bildband zur Einstimmung auf den Baseltrip.
- Chris Gugger, Fränzi Jenny: „BASELexikon. Basel von A-Z", Jenny & Gugger 2001. Das Lexikon behandelt alles vom Basilisk und Basler Stab über Brücken, Rheinschifffahrt und -fische bis hin zu Stadtteilen und historischen Ereignissen.
- Helen Liebendörfer: „Spaziergänge in Basel für Touristen und Einheimische", Friedrich Reinhardt Verlag 2000. Mit diesem Band lassen sich die Besonderheiten und versteckten Sehenswürdigkeiten der Stadt zu Fuß entdecken.
- Helen Liebendörfer: „Spaziergänge zu Malern, Dichtern und Musikern in Basel", Friedrich Reinhardt Verlag 2000. Ein kultureller Spezialführer für Baselfans.
- Rudolf Moosbrugger: „Was ist ein Basler?", Buchverlag Basler Zeitung 1983. Der ehemalige Kantonsarchäologe Moosbrugger beschäftigt sich auf unterhaltsame Weise mit dem Wesen des Baslers.

Literarisches

- „Gross und rot stehen die Münstertürme. 14 Basler Autoren sehen ihre Stadt", GS Verlag Basel 1975. Eine schöne Anthologie über die Stadt Basel.
- Annette Boutellier u. a.: „Mitgeteilt. 24 Lebensgeschichten von Frauen aus Basel-Stadt und Baselland", Limmat Verlag 2008. Wie lebt man als Frau in Basel?
- Anne Gold: „Tod auf der Fähre", F. Reinhardt Verlag 2006. Ein Basler Autorenteam lässt den Kommissar Francesco Ferrari den Mord eines Künstlers aus der Basler Schickeria ermitteln. (sowie Gold: „Helvetias Traum vom Glück", 2010)
- Hansjörg Schneider: „Flattermann" u. a., Lübbe Verlag (TB) bzw. Ammann Verlag (gebd.). Bände über den Basler Kommissär Hunkeler und seine spannenden Kriminalermittlungen in Basel und Umgebung.
- Gerard Schwyn von Schardt: „Sprengstoff in Basel. Agenten-Thriller", Schardt Verlag 2005. Ein Chemiker stößt auf ein tödliches, geheim gehaltenes Gift und ein spannender Wettlauf um eine Formel beginnt.

schen gerecht wird. Der dienstags und donnerstags ebenfalls gratis ausliegende **Baslerstab** (www.baslerstab.ch) informiert ausführlich über Stadt und Veranstaltungen.

▶ *Aktuelle Zeitungen und Magazine gibt es auch am Automaten*

Zeitschriften, Magazine usw.

- **Basel live** erscheint 14-tägig (ca. 88 Seiten, gratis) in Zusammenarbeit mit Basel Tourismus und umfasst einen Veranstaltungskalender, Stadtpläne, Shops, Freizeit, Gastronomie und andere Cityinfos. Liegt in Galerien, Museen, Hotels, Lokalen etc. aus.
- Das Kulturmagazin **ProgrammZeitung** erscheint elfmal jährlich (CHF 6,90) bzw. es gibt eine Tagesagenda im Web (www.

Internet und Internetcafés, Mit Kindern unterwegs

programmzeitung.ch) mit Informationen zu kulturellen Veranstaltungen in Basel und Region.
› **B wie Basel:** Die 11-mal jährlich erscheinende Basler Kulturzeitschrift (CHF 9,50) mit gut aufgemachten Feature Storys, interessanten Texten und umfangreichem Veranstaltungskalender, an vielen Kiosken erhältlich.
› **rotblau:** Das Magazin des FC Basel, informiert auf hohem Niveau über die lokale und internationale Fußballszene.
› **Basel Tourismus** gibt regelmäßig (ein- bis zweimal pro Jahr) verschiedene gut aufgemachte **Gratispublikationen** heraus: „guide basel", „Willkommen in Basel", „Logieren", „Schlemmen", „Stadtführungen", „Veranstaltungen", „Museen" u. a.

Radio und TV
› **Radio Basilisk:** FM 107,6, www.basilisk.ch. Das Radio für Basel mit Musik, Nachrichten und Stadtnews.
› **Radio Basel 1:** FM 101,7, www.basel1ch. Top 200, News ...
› **Radio DRS1:** FM 90,5. Regionaljournal über Basel-Stadt und Basel-Land.
› **telebasel:** www.telebasel.ch, 7–19 Uhr. Der Basler TV-Kanal mit Nachrichten, Talk, Sport, Kino u. a.

Internet und Internetcafés

Wer keinen eigenen Laptop dabei hat oder die in Schweizer Hotels meist fälligen hohen WLAN-Gebühren scheut, findet in Basel Internetcafés bzw. andere Möglichkeiten, um ins Internet zu gehen. In zentraler Lage befinden sich z. B.:
› **Thalia Bücher**, Freie Str. 32, www.thalia.ch, Mo.–Mi. u. Fr. 9–18.30 Uhr, Do. 9–20 Uhr, Sa. 9–18 Uhr.

› **Mausklick,** Klingentalstr. 7, www.mausklickbasel.ch, Computershop mit Internetcafé, Mo.–Fr. 7.30–17 Uhr.
› **Internetzugang** in den allgemeinen **Bibliotheken**, z. B. Hauptstelle Schmiedenhof, Im Schmiedenhof 10, www.stadtbibliothekbasel.ch, oder in der Öffentlichen Bibliothek der Uni Basel, Schönbeinstr. 18–20, www.ub.unibas.ch, Mo.–Fr. 8.30–19.30 Uhr, Sa. 8.30–16.30 Uhr oder auch in den Filialen von **McDonald's** bei Erwerb eines Guthabenbons (ab CHF 5).
› **Wi-Fi-Hotspots** sind verbreitet, beispielsweise in Hotels, auf dem Barfi oder bei „fumare non fumare" (Gerbergasse 30) oder im Nelson Pub sogar kostenlos. Eine komplette Liste findet sich unter www.hotspot-locations.de („Basel").

Mit Kindern unterwegs

Abgesehen von einer Fahrt mit einer der altmodischen Drahtseilfähren über den Rhein (siehe „Verkehrsmittel") oder einer Entdeckungsreise per Oldtimertram (siehe „Stadttouren") empfehlen sich für Familien besonders die folgenden Punkte in Basel.

Praktische Reisetipps
Medizinische Versorgung

LITERATURTIPP

Literaturtipp
H. Liebendörfer, **Basel, die verzauberte Stadt** (2006). Anhand einer Märchengeschichte lernen Kinder Basel kennen; für zu Hause oder als Entdeckungsreise vor Ort.

Attraktionen und Museen

- ㉓ [K9] **Basler Papiermuseum:** Speziell die interaktiven Angebote lohnen.
- › **Kutschenmuseum** und **Mühlenmuseum** im Botanischen Garten Brüglingen ㉕
- ❸ [H8] **Naturhistorisches Museum:** Dinos interessieren Kinder immer!
- ❾ [H9] **Puppenhausmuseum:** Ein Highlight für die ganze Familie!
- ㉛ **Römerstadt Augusta Raurica:** Hier lernt man die „alten Römer" kennen.
- › **Spielzeugmuseum Riehen:** Eine der größten europäischen Spielzeugsammlungen im Vorort Riehen (s. S. 89).
- › **Tierpark Lange Erlen** (s. S. 41), Erlenparkweg 110, tgl. 7–18 Uhr, Bus 36. Naherholungsgebiet mit diversen Hirscharten, Affenhaus und Kinderzoo.
- ⓰ [F10] **Zoo Basel:** Stadtnah und sehenswert.

Baden und Spielen

- › **aquabasilea,** die größte Wasserwelt der Schweiz (s. S. 112)
- › **Birsköpfli** (s. S. 40), Birskopfweglein 7, große Liegewiese direkt an der Birsmündung in den Rhein, mit Café Birskopf
- › **Robinsonplätze,** z. B. Lichtstr. 30, Infos unter www.robi-spiel-aktionen.ch. Betreute, abwechslungsreiche Spielplätze.
- › **Europa Park Rust,** nördlich Freiburg an der A5 Richtung Basel. Großer Vergnügungspark mit Karussells und anderen Attraktionen wie Achterbahnen, Nachbauten von berühmter Architektur aus aller Welt, Shows und interaktiven Ausstellungen (www.europapark.de).

Kinderkultur

- ⊙**162** [G8] **Basler Kindertheater,** Schützengraben 9, Tel. 061 2612887, www.baslerkindertheater.ch. Märchen, Musicals, Komödien u. a.
- ⊙**163** [H8] **Basler Marionetten Theater,** Münsterplatz 8, Tel. 061 2619025, www.bmtheater.ch. In einem gotischen Gewölbekeller auf dem Münsterplatz werden Märchen, Dramen oder Opern gezeigt.
- › **Theater Charivari – Kinder-Charivari** (s. S. 39), Rebgasse 12–14, Tel. 061 695230, www.charivari.ch. Musiktheater für Kinder.

(Jugend-)Treffs

- ●**164** [J11] **Sommercasino** am Merian-Park, Münchensteinerstr. 1, www.sommercasino.ch. Kulturzentrum für 16- bis 25-Jährige, Bühne, Konzerte, Partys, Ateliers u. a.
- ●**165** [F9] **e9 jugend+kultur,** Eulerstr. 9 (Bus 37, Station Synagoge), www.e-9.ch. Der Jugendtreff veranstaltet Kinoabende, Konzerte und Partys.

Medizinische Versorgung

- › **Allg. Notfalldienst** (Ärzte, Zahnärzte, Apotheken): Tel. 061 2611515
- › **Notärzte SOS Ärzte:** Tel. 061 3010800
- ⊕**167** [G7] **Notfallapotheke** Basel AG, Petersgraben 3, Tel. 061 2637575, Mo.–Fr. 18.30–8 Uhr, Sa.–Mo.16–8 Uhr, auch an Feiertagen
- ⊕**168** [G7] **Kantonsspital Basel,** Notfallstation Klinikum 2, Petersgraben 2, Tel. 061 2652525

✚169 [G9] **Dental Care Center Basel**, Steinenvorstadt 62, 24-Std.-Notfallannahme, Tel. 061 2814767

✚170 [F7] **Universitäts-Kinderspital**, Spitalstraße 33, Notfall-Tel. 061 2611515

Notfälle

Notrufnummern

> **Notruf:** Tel. 112
> **Polizei:** Tel. 117
> **Feuerwehr:** Tel. 118
> **Pannen-/Straßenhilfe:** Tel. 140
> **Notfalltransporte und Helikopter:** Tel. 144

Verlust und Diebstahl

Bei Verlust oder Diebstahl einer **Kredit-, Maestro- oder SIM-Karte** (Mobiltelefon) sollte man diese umgehend per Anruf beim zentralen **Sperr-Notruf** unter **Tel. 0049 116116** oder **0049 3040504050** (aus dem Ausland gebührenpflichtig) sperren lassen (www.sperr-notruf.de). Bis dato sind nur von Postbank und Karstadt-Quelle-Bank ausgegebene Karten nicht eingeschlossen (Informationen: www.kartensicherheit.de). Ansonsten sind die Notrufnummern meist auf der Rückseite von Karten vermerkt und man sollte sich diese vorab notieren.

Österreichische Maestro-Karten kann man über die Kartensperrnummer Tel. +43 1 2048800 sperren lassen.

• 171 [G7] **Fundbüro** Kanton Basel-Stadt, Spiegelgasse 6, Tel. 061 2677000
• 172 [H10] **Fundbüro** am Bahnhof SBB: Tel. 0900 300300, am Badischen Bahnhof: Tel. 061 6901232
➤ 173 [D6] **Polizeiwache Kannenfeld**, Strassburgerallee 18, 24 Std., Tel. 061 3867373
➤ 174 [H11] **Polizeiposten Bahnhof SBB**, Centralbahnstr. 22, Mo.–Sa. 7.30–18.30 Uhr, Tel. 061 2289300

Öffnungszeiten

Die **Ladenöffnungszeiten** in der Schweiz sind im Allgemeinen kürzer als in Deutschland, meist von 9 Uhr bis 18 oder 19 Uhr, donnerstags oft länger (bis 20/21 Uhr) und samstags nur bis 16 oder 17 Uhr. Kleinere Geschäfte haben des Öfteren am Montagvormittag, gelegentlich montags auch ganztags, geschlossen.

Große Kaufhäuser und **Einkaufszentren** sind normalerweise Mo./Di./Mi. 8.30/9–19 Uhr, Do. bis 21 Uhr und Sa. 8.30/9–18 Uhr geöffnet. Auch die Shops am Bahnhof sind länger zugänglich (ca. 7–22 Uhr) und die großen Einkaufszentren wie St.-Jakob-Park schließen auch unter der Woche erst um 20 Uhr.

▲ *Mitbringsel aus Basel: die vielen kuriosen Shops machen es möglich*

Banken haben Mo.–Fr. 8.30–16.30/17 Uhr, Do. 8.30–17.30 Uhr geöffnet, am Bahnhof und Flughafen gibt es auch ständig zur Verfügung stehende Geldautomaten. Während der Sommerferien, vor allem in der 2. Julihälfte, haben viele Geschäfte, Theater etc. wegen Betriebsurlaubs geschlossen.

Post

Postämter sind meist 7.30–12 Uhr und 14–18 Uhr geöffnet, Hauptpost und Bahnhofspost ohne Mittagspause und mit Notfallservice. Im Briefverkehr wird die **A-Post** mit Zustellung am nächsten Werktag von der billigeren **B-Post** mit Zustellung innerhalb von zwei bis drei Tagen unterschieden. In der Schweiz kostet ein A-Post-Standardbrief bis 100 g CHF 1, mit B-Post CHF 0,85. Innerhalb Europas sind im preiswertesten **Economy-Versand** für einen Standardbrief (bzw. eine Karte) CHF 1,30 zu entrichten, das etwas schnellere **Priority** kostet CHF 1,40. In andere Länder sind es CHF 1,60 bzw. 1,90.

Das imposante, unter Denkmalschutz stehende **Hauptpostamt** von 1853/1880 befindet sich im Stadtzentrum (Freie Strasse 12/Gerbergasse 13) in der Nähe des Marktplatzes ❻, weitere Filialen sind über die ganze Stadt verteilt.

› Infos: www.poste.ch

Radfahren

In Basel fährt man nicht Fahrrad, sondern *Velo*. Ganzjährig können Fahrräder im Veloparking am Bahnhof SBB ⓯ ausgeliehen und bewacht geparkt werden:

› Bahnhof SBB, Schweiz Fahrrad, www.rent-a-bike.ch, Leihgebühr ab CHF 20/Tag.

Das weit ausgebaute Velonetz ist auf einem eigenen Velostadtplan abgebildet (in Buchhandlungen bzw. bei IG Velo erhältlich).

› Infos: Pro Velo beider Basel, Dornacherstr. 101, www.igvelo.ch/basel (auch Basler Veloblatt hier erhältlich)

In den **Nachtzügen** der CityNightLine ist Radtransport möglich (Preis 10 € pro Strecke, Reservierung nötig) – Radfahrer-Hotline: Tel. 01805 151415 (0,12 €/Min.). In **Bussen** und **Trams** dürfen Fahrräder – sofern Platz vorhanden – mitgenommen werden. Es muss jedoch zuvor für den vollen Fahrpreis ein sogenanntes **Velobillett** erworben werden.

Schwule und Lesben

Wie die ganze Schweiz vergleichsweise tolerant ist, was andere Lebensformen angeht, so herrscht auch in Basel eine **liberale Atmosphäre**. Einige ausgewählte Treffpunkte und Läden sind im Folgenden aufgelistet:

- **175** [I8] **Arcados**, Rheingasse 67, Kleinbasel. Schwuler Buchladen, Verlag, Infos.
- **176** [I8] **Dupf**, Rebgasse 43, Kleinbasel, Tel. 061 6920011, tgl. 16–1 Uhr, Fr. u. Sa. 16–3 Uhr. Homobar, gelegentlich auch Shows.
- **18** [H9] **elisabethen**, Elisabethenstr. 10, www.offenekirche.ch. Schwulen- und Lesbenkirche sowie Eventspot in Basels Zentrum: Treff, Café, Konzerte u. a.
- **177** [I8] **Elle et Lui**, Rebgasse 39, Tel. 061 6925479, tgl. 18–3 Uhr. Kleinbasler Homobar, stimmungsvoll mit kleinem Hinterhof.
- **178** [G7] **Frauenbuchhandlung Anne Marie Pfister**, Petersgraben 18. Auch Infos und Veranstaltungen.
- **Hirscheneck** (s. S. 37), Lindenberg 23 (Kleinbasel), www.hirscheneck.ch. Seit fast 30 Jahren bekannt als alternativ-schwules Zentrum, Livemusik und sonntags Homobar.
- **179** [G11] **Isola Club**, Clarastr. 45, www.isolaclub.com, nur Fr./Sa. Hinter dem Bahnhof SBB, diskret und geschmackvoll, für alle Altersstufen, Disco.
- **Homosexuelle Arbeitsgruppe Basel** (habs), Tel. 061 6926655, www.habs.ch
- **Events:** www.gay.ch/party/basel

◀ Historischer Briefkasten in Basels Altstadt

Sicherheit

Seit 2005 ist die Za[hl der Überfälle] in Basel rückläufig. Der Handel mit harten Drogen hat sich aufgrund der **stärkeren Polizeipräsenz** vom öffentlichen in den privaten Raum verlagert. Wie auch in anderen Städten und Ländern zu beobachten, ist die Jugendgewalt steigend. Dennoch ist für den „Normalbesucher" Basel nicht krimineller als jede andere mitteleuropäische Großstadt und die **üblichen Vorsichtsmaßnahmen** in Bezug auf Handtaschen, Geldbeutel, Kameras u. a. Wertgegenstände, vor allem bei Massenaufläufen, Veranstaltungen, in öffentlichen Verkehrsmitteln usw. sind angeraten. Ist man bestohlen worden, muss man bei der Polizei Anzeige erstatten (s. „Notfälle").

Sport und Erholung

Beliebt unter Einheimischen (auch in der Mittagspause) ist ein erfrischendes **Bad im Rhein**. Mehrere Treppen (u. a. an der Solitude-Promenade, weitere bis zur Dreirosenbrücke) gewähren Zugang zum Fluss, außerdem gibt es zwischen Schwarzwald- und Dreirosenbrücke mehrere Umkleiden, Duschen und WCs.

> **EXTRATIPP** **Tipp fürs Rheinschwimmen!**
> „Wickelfisch" nennt sich ein wasserdichter Badesack, mit dem man u. a. beim Rheinschwimmen die Kleidung mitnehmen kann, außerdem gibt es die „Strandkabine" zum Umziehen in vielen Läden und bei Basel Tourismus im Stadtcasino, siehe auch www.tiloahmels.ch.

S180 Aquabasilea, Hardstr. 57, Pratteln (Bahn bis SBB Bahnhof Pratteln oder Tram 14 „Bahnhofstraße"), www.aquabasilea.ch, tgl. 10–22 Uhr, Badewelten CHF 35, inkl. Saunawelt CHF 45. Neue Erlebnisbadewelt mit Vitalbad, Sauna, Spa und Fitnessstudio.

S181 [M8] **Birsköpfli** (s. S. 40) in Birsfelden, Birskopfweglein, Mai–Sept. tgl. 11–23 Uhr. Große schattige Liegewiesen und Restaurant.

S182 [N12] **Gartenbad St. Jakob**, St.-Jakob-Str. (in der Nähe des Fußballstadions St.-Jakob-Park ㉔), Mai–Sept. tgl. 9–20 Uhr. Mehrere Becken, Sprungturm, Beachvolleyball- und Fußballfelder und Restaurant.

S183 [L8] **Rheinbad Breite**, St.-Alban-Rheinweg 195, tgl. 11–19 Uhr bei schönem Wetter. Beeindruckende Konstruktion nahe der Autobahnbrücke.

S184 [E5] **Dampfbad Basel St. Johann**, Vogesenplatz 1, www.dampfbadbasel.ch, Tel. 061 3221505, Mo.–Fr. 11.30–22 Uhr, Sa. 10–22, So. 10–20 Uhr, Tramlinie 1 „Bahnhof St. Johann". Neues Hamam im Stellwerk des Bahnhof St. Johann.

Stadttouren

› **Stadtrundgänge** finden Ende April–Ende Okt. Mo.–Sa. 14.30–16.30 Uhr, in der Nebensaison nur Sa., Tickets: Basel Tourismus (s. S. 105), Stadtcasino am Barfüsserplatz, statt, Treff am Tinguelybrunnen gegenüber. Sie kosten pro Person CHF 15. Basel Tourismus bietet außerdem **Spezialtouren** an, z. B. durch Augusta Raurica ㉛ szenische Führungen (CHF 30) und Monatsführungen (Programm: www.basel.com/de.cfm/offizielle/).

› **Sonderfahrten** mit einer nostalgischen **Oldtimertram**, dem legendären „Badwännli" nach Riehen, jeweils So. 10.30/11.30 Uhr ab Bahnhof SBB (vor Hotel Euler), Reservierung für die 11.30-Uhr-Tour bei Basel Tourismus am Barfi (s. S. 105) oder unter Tel. 061 2686868, sonst Tickets direkt am Treffpunkt, CHF 20

› **Panoramarundfahrt mit der Tram 16/15**, CHF 4,20 (für Mobility-Ticket-Inhaber gratis): Vom historischen Stadtkern aus durchfährt man Gundeldingen, Bruderholz, Bankenviertel, Messeviertel und Kleinbasel.

› **iGuide:** Fünf Rundgänge per Mini-Computer (audiovisuelle Touren) bei Basel Tourismus am Barfüsserplatz (s. S. 105) für CHF 15 (4 Std.) bzw. CHF 22 (ganztägig).

› **Schifffahrten der Basler Personenschifffahrt**, Tel. 061 6399500, www.bpg.ch, Mitte April/Anfang Mai bis Mitte Oktober: Kursfahrten sowie Stadt- und Hafenrundfahrten (CHF 18), auch Schleusen-, Mittagsessen-, Brunch- oder Abendessen-Rundfahrten (z. B. „Pasta Pasta") mit MS Lällekönig, MS Christoph Merian oder MS Baslerdyble großteils von der Anlegestelle Schifflände [H7] (an der Mittleren Rheinbrücke).

Strom

Bei **230 Volt/Wechselstrom** gibt es mit Elektrogeräten im Allgemeinen keine Schwierigkeiten. Allerdings unterscheiden sich die **Steckdosen**: Euro-Stecker passen, während bei Schuko-Steckern ein Adapter benötigt wird.

LITERATURTIPP

Literaturtipp
Schweizerdeutsch

› Isabelle Imhof: „Schwiizertüütsch – das Deutsch der Eidgenossen", Kauderwelsch Band 71, Reise Know-How Verlag

Kleine Sprachhilfe Baseldeutsch

Mit dem markanten Basler Dialekt, dem Baseldytsch, hat auch so mancher Schweizer Eidgenosse seine Probleme. Der Basler wird von den Restschweizern etwas boshaft als „Beppi" – die Kurzform für Jakob, Johann Jakob – bezeichnet. Johann Jakob war als Vorname im 18./19. Jh. in Basel häufig. Allerdings bezeichnet der Basler sich inzwischen auch selbst so.

Das Baseldytsch steht dem Hochallemannischen nahe und ähnelt dem benachbarten Elsässischen und Südbadischen. Zudem zeichnet den Dialekt eine Vorliebe für Verkleinerungen aus: Überall, wo es geht, wird ein „-li" angehängt. So wird aus der Straßenbahn das „Drämmli", aus Jakob „Joggeli". Wie die Franken neigen auch die Basler zu weichen Buchstaben und vielfach wird ein P zum B, ein T zum D. Ein Pub ist in Basel daher ein „Böbb". Und die Endung „...lich" wird zu einem weichen „...lig" geformt.

Einige spezielle Basler Ausdrücke seien noch genannt:

› *Baiz/Beiz – Wirtshaus, Kneipe*
› *Balaari – Rausch oder Schwätzer*
› *Batzelaibli – ovales Brötchen, kostete einst einen Batze (10-Rappen-Münze)*
› *Buttenmost – Hagebuttenmark*
› *Buvette = „Trinkhalle", Kiosk*
› *Chlöpfer (Klöpfer) – rote Bratwurst, Cervelat*
› *dausig oder dusig – Tausend*
› *Dilldapp – Dummkopf*
› *Drämmli – Straßenbahn*
› *Dyybli – Täubchen*
› *Faggel – Zettel*
› *Gipfeli – Hörnchen, Croissant*
› *Gnulleri – Kerl (Höchsprache)*
› *Gugge – Tüte*
› *Guttere – Flasche*
› *hösch! – hörst Du*
› *Joggeli – Jakob (Name) sowie St.-Jakob-Stadion*
› *Käpseliwasser – Mineralwasser*
› *Lälli – Zunge*
› *Lummelbraten – Rinderfilet*
› *Määrt – Markt, Basler Marktplatz*
› *Mischtgratzerli – Brathähnchen*
› *Naasewello – Brille*
› *pfuuse – zischen, schlafen*
› *Salm – Lachs*
› *Schmiir – Polizei*
› *Suuri Läberli – saure Leber*
› *Weggli – kleines Brötchen, Semmel*

Telefonieren

Die **Vorwahl Basels lautet 061,** diese muss auch innerhalb der Stadt immer mitgewählt werden. Aus dem Ausland muss hingegen die **Ländervorwahl 0041** vorausgeschickt werden, d. h. für Basel: (0041) 61 ...

Für Telefonate aus der Schweiz ins Ausland lauten die Vorwahlen:
› Vorwahl von CH nach D: 0049
› Vorwahl von CH nach A: 0043

Öffentliche Fernsprecher sind verbreitet, z. T. kann mit Münzen oder Karten telefoniert werden, manchmal auch nur mit Karten („PTT tax-card"), die für CHF 10 oder CHF 20 in Postämtern, Bahnhöfen und Zeitungskiosken erhältlich sind. Telefonieren ist günstiger von 6–8 Uhr und 17–19 Uhr, nach 21 Uhr sowie an Wochenenden. Mobiltelefone funktionieren in Basel einwandfrei.

› **Schweizer Telefonauskunft:** Tel. 111

Unterkunft

Basel verfügt über 4000 Hotelbetten in allen Kategorien, schwerpunktmäßig jedoch der oberen Kategorie. Vor allem an Wochenenden lassen sich Schnäppchen machen, wohingegen die Zimmersuche während großer Veranstaltungen (wie ARTBasel, Basel Tattoo oder Fasnacht) schwierig und teuer werden kann.

Basel Tourismus (s. S. 105) vermittelt vor Ort, unter Tel. 061 2686868 oder auch im Internet unter www.basel.com Unterkünfte, darunter auch günstige Spezial- und Wochenendangebote inklusive Frühstück und Mobility Ticket (siehe „Verkehrsmittel") zur Gratisnutzung des Nahverkehrs (ab CHF 84). Im Preis ist zudem meist ein Frühstück enthalten, WLAN-Zugang ist verbreitet. Auch die gängigen Anbieter wie www.hotel.de bieten eine breite Palette an Basler Hotels an.

Privatübernachtungen in Basel findet man unter www.expo-rooms („Basel") – DZ ab 50 €.

Preiswerte Kategorie

- **185** B&B Casa o sole mio €, Gattenweg 41, Riehen, www.basel-bed-breakfast.ch, Tel. 061 6415416. Bed and Breakfast mit vier Zimmern in ruhiger Lage in der Vorortgemeinde (Tram 6).
- **186** [H6] **B&B La Vie en Rose** €, Oetlinger Str. 25, Tel. 061 6911301 oder 079 2388945, monique.chevalley@gmx.ch, www.deutsche-pensionen.de/schweiz/pension-basel/CH-4057-la-vie-en-rose.html. Im ruhigen Kleinbasler Viertel in Nähe zum Rhein werden drei künstlerisch gestaltete Zimmer mit Küche und Bad in einer eigenen Wohnung im Erdgeschoss eines Stadthauses vermietet.

Preiskategorien

Preis für ein DZ, meist mit Frühstück:

€	unter CHF 150
€€	CHF 150–200
€€€	über CHF 200

- **187** [H9] **Hotel au Violon** €-€€, Im Lohnhof 4, Tel. 061 2698711, www.au-violon.com. In einem alten Gefängnis wurde 1999 ein ungewöhnliches Hotel mit 20 schlichten, aber hübschen Zimmern eingerichtet. Idyllisch gelegen im Lohnhof, mit schönem Ausblick und angeschlossener Brasserie im Hof.
- **188** [H10] **Hotel City Inn** €-€€, Centralbahnplatz 14, Tel. 061 2758000, www.cityinn.ch. Am Centralbahnplatz Basel, Zugang durch Hotel Euler (s. S. 116). 2011 neu eröffnetes 3-Sterne-Hotel mit 30 preisgünstigen Zimmern (Economy und Deluxe), modern und freundlich ausgestattet, Gratis-WLAN.
- **189** [I7] **Hotel Rheinfelderhof** €, Hammerstr. 61, Tel. 061 6954545, www.rheinfelderhof.com. Zentral gelegenes Hotel nahe Messe Basel (Tramhaltestelle „Clarastrasse"). Preiswert und mit Restaurant.
- **190** [G7] **Hotel Rochat** €€, Petersgraben 23, www.hotelrochat.ch, Tel. 061 2618140. Ruhig und zentral gelegenes Hotel (50 Zimmer) in einem denkmalgeschützten Haus am Altstadtrand, schöne Gegend. Im Haus ist kein Alkohol erlaubt, da es sich um eine zum Verband christlicher Hotels gehörige Unterkunft handelt.
- **191** [G11] **IBIS Hotel** €-€€, Margarethenstr. 33–35, am Bahnhof SBB, Tel. 061 201 0707. Vor allem die zentrale Lage und die günstigen Preise lohnen; 24-Stunden-Barbetrieb, 100% rauchfrei, WLAN und Tiefgarage.

Praktische Reisetipps
Unterkunft

> **EXTRATIPP**
>
> **Architekturjuwel im Grünen**
> In einem Teil des denkmalgeschützten Missionshauses der evangelischen Kirche werden 74 moderne, helle Zimmer vermietet. Besonders schön: der riesige Park ringsum, die angenehme Atmosphäre und die ruhige Lage. Ein gutes Frühstück gibt's im zugehörigen Rosengarten-Restaurant. Gratis WLAN und auch bei www.hrs.de buchbar.
> **202** [F8] **Hotel Bildungszentrum 21** €€, Missionsstr. 21 (Spalenvorstadt), Tel. 061 2602121, www.bildungszentrum-21.ch

192 [F8] **Spalenbrunnen** €-€€, Schützenmattstr. 2, Tel. 061 269 2626, www.hotel-spalenbrunnen.ch. Das nahe dem Spalentor günstig gelegene Hotel in einem renovierten Stadthaus beherbergt einfache, aber gemütliche Zimmer und ein Restaurant (indisch).

Mittlere bis gehobene Kategorie

193 [M9] **Das Breite Hotel** €€, Zürcherstr. 149, www.dasbreitehotel.ch, Tel. 061 3156565. Im Quartier Breite etwas unattraktiv nahe der Autobahnauffahrt gelegen wirkt der Bau auf den ersten Blick wie ein gewöhnliches modernes Stadthotel, wird jedoch von Behinderten in liebevoller Art und Weise betrieben. Günstige Specials, auch bei www.hotel.de.

194 Herve's B & B „la dépendance" €€, Baselstr. 88, Riehen, gegenüber Fondation Beyeler (Tram Nr. 6), Tel. 061 6410769, www.hervecharles.ch. Herrschaftliche Villa mit Garten und Gästehäuschen für max. 4 Personen, mit Salon, Kochgelegenheit.

195 [H7] **Hotel Balade** €€, Klingental 8, www.hotel-balade.ch, Tel. 061 699 1900. Kleines, aber feines Hotel nahe Kleinbasler Kaserne mit 24 modernen, gut ausgestatteten Zimmern.

196 [G8] **Hotel Basel** €€€, Am Spalenberg, Münzgasse 12, Tel. 061 2646800, www.hotel-basel.ch. Mitten in der Altstadt von Grossbasel gelegenes Hotel der Extraklasse mit Topservice. 72 moderne und gemütliche Zimmer mit allem Komfort, besonders beliebt ist der *Loveroom*. Gratisminibar in jedem Zimmer, üppiges Frühstücksbuffet mit Schweizer Spezialitäten und angeschlossene Brasserie Steiger.

197 [H7] **Hotel Basilisk** €€-€€€, Klingentalstr. 1, www.hotel-basilisk.ch, Tel. 061 6869666. Vom Bahnhof SBB Tram 8 bis „Kaserne". In Kleinbasel zwischen Messe und Altstadt gelegenes Familienhotel, Zimmer im Feng-Shui-Stil ab CHF 200 inkl. Frühstück, auch *Weekend Specials*, mit gleichnamigem Lokal.

198 [J6] **Hotel du Commerce** €€, Riehenring 91, www.ducommerce.ch, Tel. 061 6902323. Garni-Stadthotel nahe Congress Center, moderne schöne Zimmer, ruhige Lage.

199 [F8] **Hotel Spaltentor** €€€, Schönbeinstr. 1, Tel. 061 2622626, www.hotelspalentor.ch. 40 geschmackvolle, große Zimmer mit allem Komfort und Frühstücksbuffet ab ca. CHF 200, auch Spezialangebote.

200 [G9] **Hotel Steinenschanze Garni** €€€, Steinengraben 69, Tel. 061 2725353, www.steinenschanze.ch. Stadtoase auch für Alleinreisende, gut ausgestattete Zimmer, ruhig vor allem zum Garten.

201 [G8] **Teufelhof Basel** €€-€€€, Leonhardsgraben 47–49, Tel. 061 2611010, www.teufelhof.com. Ungewöhnlicher Komplex aus Restaurants, Theater, Weinladen sowie zwei spektakulären Hotels: **Galerie- und Kunsthotel,** letzteres mit neun von Künstlern gestalteten Zimmern. DZ ab CHF 176 inkl. Frühstück.

Unterkunft

Luxuskategorie

Günstig am Bahnhof gelegen, aber auch entsprechend teuer sind die beiden Fünfsternehotels Euler (im Internet: www.hoteleuler.ch) und Hilton (www.hilton.de/basel) sowie das Victoria (www.victoria.balehotels.ch, vier Sterne).

203 [H7] **Best Western Merian** €€€, Rheingasse 2, Tel. 061 6851111, www.hotelmerianbasel.ch. Auf Kleinbasler Seite mit Blick auf Rhein und Altstadt, 63 gut ausgestattete Zimmer, im Hause befindet sich das Café Spitz und ein Restaurant.

204 [H7] **Grand Hotel Les Trois Rois** €€€, Blumenrain 8, Tel. 61 260 5050, www.lestroisrois.com. Luxushotel mit 100 Zimmern und langer illustrer Gästeliste. Besonders schön sind die Zimmer zum Rhein hin. Mit Restaurant und Fitnessraum auf dem Dach.

205 [G7] **Hotel D** €€€, Blumenrain 19, Tel. 61 2722000, www.hoteld.ch. Neu eröffnetes Design-Boutiquehotel in unmittelbarere Zentrumsnähe. 46 Zimmer und 2 Suiten mit außergewöhnlichem Komfort.

206 [H7] **Hotel Krafft** €€€, Rheingasse 12, Tel. 061 6909130, www.krafftbasel.ch. 48 Zimmer in diversen Kategorien. Wasser- und Tee-Bar kostenlos ebenso wie Frühstücksbuffet und Rheinblick. Relativ günstige Packages.

207 [J7] **Mercure Hotel Europe** €€€, Clarastraße 43, Tel. 061 6908080, www.europe.balehotels.ch. Nahe der Messe in Kleinbasel gelegen, moderne, geräumige Zimmer (zum Innenhof sehr ruhig).

Jugendherbergen, Camping

208 [I12] **basel back pack** €, Dornacherstr. 192, Tel. 061 3330037, www.baselbackpack.ch. 80 Betten in EZ/DZ/4er- und 8er-Zimmern, der Nähe des Bahnhofs SBB. CHF 98/DZ, Bett ab CHF 32, Frühstück kostet extra.

209 Camp Waldhort, Waldhortstr./Heideweg 16, Reinach, Tel. 061 7116429, www.camping-waldhort.ch. Am Stadtrand gelegener Campingplatz mit Pools, sauber und relativ neu, eigener Laden und großer Kinderspielplatz.

210 [J9] **Jugendherberge** (SJH), St.-Alban-Kirchrain 10, Tel. 061 2720572, www.youthhostel.ch/basel. Neu renoviert in historischem Bau mit modernem Komfort. 234 Betten in schlicht, aber komfortabel eingerichteten Doppel- bis 6er-Zimmern, ab CHF 41, inkl. Frühstücksbuffet.

103ba Abb.: mb

◀ *Empfehlenswertes Hotel: Bildungszentrum 21*

▶ *Beliebtes Verkehrsmittel der Stadt: das Drämmli*

Praktische Reisetipps
Verkehrsmittel

🏠 **211** [H11] **Jugendherberge** (JH) €, Pfeffingerstr. 8 (Gundeldingen), Tel. 061 3659960, pro Pers. CHF 28 inkl. Frühstück, Tagesmitgliedschaft CHF 6, 128 Betten, auch DZ und EZ.

🏠 **212** [H12] **YMCA Hostel Basel** €, Gempenstr. 64, Tel. 061 361 7309, www.ymcahostelbasel.ch. 25 Zimmer mit 1, 2, 3, 5 oder 8 Betten, alle mit Waschbecken, WC und Duschen im Gang; ab CHF 33, DZ ab CHF 49. Südlich des Bahnhofs Basel SBB, Frühstück gegen Aufpreis, Internet-Hotspot kostenlos, Gemeinschaftsküche und Fernsehraum.

Verkehrsmittel

Basel verfügt über ein **dichtes öffentliches Nahverkehrsnetz** unter der Ägide der Basler Verkehrs-Betriebe (BVB) mit über 384 Haltestellen von Tram und Bus. Einige Busse und Trams fahren auch grxenzüberschreitend nach Deutschland und Frankreich. **Fahrkarten** sind vor Fahrtantritt an Automaten für eine Zone für CHF 3,20 (Kinder CHF 2,20), Kurzzone CHF 2 (1,60) zu lösen. Tageskarten kosten CHF 8,50, Dreitageskarten CHF 28.

Straßenbahnen – in der Schweiz spricht man von Trambahn oder „dem Tram" (*das* Tram) und in Basel speziell vom „Drämmli" – sind farblich gekennzeichnet: Gelbe Linien (Nr. 10/11) fahren nach Frankreich, grüne innerhalb des Stadtgebiets bzw. ins Basler Umland. Sie verkehren tagsüber im 6- oder 7,5-Minuten-Takt, am späteren Abend alle 15 Min. Tickets müssen vor Fahrtantritt an Automaten gelöst werden.

Es gibt zahlreiche **Buslinien**, auch **Nachtbusse** (Fr./Sa. und Sa./So. 1.30, 2.30 und 3.30 Uhr ab Barfüsserplatz ins Umland). Die Busse 604, 603, 55, 12 und 16 fahren über die Grenze nach Frankreich bzw. Deutschland. Der Bus Nr. 36 ist perfekt für eine Stadttour geeignet (45 Min. ab Schifflände nach Kleinhüningen, siehe Exkurs „Basel preiswert").

› **Infos:** BVB, Barfüsserplatz, Tel. 061 6851212, www.bvb-basel.ch

Außerdem gibt es **Postauto Nordwestschweiz** von BLT Baselland Transport (www.blt.ch) als weiteres Unternehmen mit Linien ins Umland.

Achtung, Tram!

Das Tram hat in Basel **immer Vorrang** – das gilt sowohl für Autos als auch für Fußgänger!

Mobility Ticket

Jeder Gast, der in Basel übernachtet, erhält beim Check-in in einem Basler Hotel kostenlos ein sogenanntes „Mobility Ticket" zur freien Nutzung der öffentlichen Verkehrsmittel in Basel und Umgebung (Zone 10, 11 und EuroAirport) für die gesamte Aufenthaltsdauer (maximal 30 Tage). Selbst am Anreisetag muss bei vorliegender schriftlicher Hotelreservierung kein Fahrschein mehr gekauft werden.

› **Infos:** www.bvb.ch (unter „Tickets & Tarife")

Verschiedene Basler Taxigesellschaften haben sich unter **Taxi-Zentrale Basel** zusammengeschlossen: Tel. 061 2222222. Der offizielle Tarif lautet: Grundtaxe CHF 6,50, Zuschlag bei Bestellfahrten CHF 2,80, Gebühr pro km im Stadtgebiet werktags/tagsüber CHF 3,80, außerhalb der Stadtgrenze und von 20–6 Uhr sowie an Sonn- und Feiertagen CHF 4,30.

Man kann jedoch auch **auf dem Rhein** vorankommen:

› **Basler Rhy-Taxi:** „Taxifahrten" auf dem Rhein (auch Traversen), Rundfahrten, VIP- und Gruppenfahrten, Zubringer usw., verschiedene Unternehmen, z. B. www.baslerrhytaxi.ch oder www.rhytaxi.ch (Tel. 061 2731414).
› **Basler Personenschifffahrt,** Tel. 061 639 9500, www.bpg.ch. Fahrplanmäßige Fahrten sowie Sonderfahrten (siehe „Stadttouren").
› **Basler Rheinfähren,** www.faehri.ch, Apr.–Okt. 9–19 Uhr, sonst 11–17 Uhr (Rufklingel am Steg), pro Fahrt CHF 1,60. Vier an Drahtseilen den Rhein querende „historische" Boote: (1.) St.-Alban-Fähre „Wilde Maa" [K8/9] (zwischen St.-Alban-Tal – Schaffhauserrheinweg), (2.) Münsterfähre „Leu" [I8] (Münster – Oberer Rheinweg), (3.) Klingentalfähre „Vogel Gryff" [G/H7] (Totentanz – Kaserne), (4.) St.-Johann-Fähre „Ueli" (St. Johann – Unterer Rheinweg).

Wetter und Reisezeit

In Basel herrscht mitteleuropäisches Kontinentalklima, angeblich **eines der wärmsten Klimate innerhalb der Schweiz.** Die durchschnittliche Temperatur liegt bei etwa 9,4 °C im Frühjahr, 17,9 °C im Sommer, 10,1 °C im Herbst und 1,6 °C im Winter. Nebel und längere Regenperioden sind eher selten, Schnee gibt es, aber nicht in Massen und nicht dauerhaft.

Eine Reise nach Basel lohnt sich daher **das ganze Jahr über.** Es kommt lediglich auf die Prioritäten an: Möchte man auch das grüne Basel genießen, sind die Monate Mai bis September am günstigsten, stehen Museen und Shopping im Mittelpunkt, dann ist die Jahreszeit weitgehend gleichgültig. Zudem lohnt ein Blick auf den Eventkalender (siehe „Zur richtigen Zeit am richtigen Ort") und eine entsprechende Terminwahl: Möchte man die Basler Fasnacht miterleben, interessieren das Basel Tattoo, ein Spiel des FC Basel oder der romantische Weihnachtsmarkt?

Anhang

Mit REISE KNOW-HOW sicher ans Ziel

Die Landkarten des **world mapping project** bieten gute Orientierung – weltweit.

- 100%ig wasserfest
- praktisch unzerreißbar
- voll beschreibbar
- Kartenumschlag abnehmbar
- GPS-tauglich
- Längen- und Breitengrade, ab Maßstab 1:300.000 auch UTM-Gitter
- modernes Kartenbild mit Höhenlinien und farbigen Höhenschichten
- klassifiziertes Straßennetz
- Entfernungsangaben
- vollständiger Ortsindex
- bei vielen Ländern Namen größerer Orte auch in Landesschrift

Derzeit über 150 Titel lieferbar, z.B.

Toskana	1 : 200.000
Slowenien	1 : 185.000
Spanien, Nord (Jakobsweg)	1 : 350.000
Ungarn	1 : 380.000
Istrien	1 : 70.000

Gesamtprogramm unter
www.reise-know-how.de

world mapping project
REISE KNOW-HOW Verlag, Bielefeld

Die Schweiz individuell entdecken

Margit Brinke, Peter Kränzle
CityTrip Genf
Die elegante Hauptstadt des Kantons Genf genießt als Sitz der UNO Weltruf. Dieser aktuelle Reiseführer aus der Reihe CityTrip von REISE KNOW-HOW ist der erste auf dem deutschen Markt, der sich ausschließlich mit der Stadt am Genfer See befasst.

**Eva Meret Neuenschwander,
Jürg Schneider**
Tessin
Am Schnittpunkt zwischen Alpen und Mittelmeerraum bieten das Tessin und der zum großen Teil in Italien gelegene Lago Maggiore großartige kulturelle Highlights: romanische Sakralbauten, lombardische Kirchenfassaden, barocke Innenräume, aber auch moderne Architektur.

Dieser Reiseführer informiert praxisnah: Wie man die hintersten Dörfer und Täler erreicht, welche Sehenswürdigkeiten sie bergen, wo die besten Wanderrouten locken, welche Sportarten man betreiben kann, wo man gut schläft und isst.

Isabelle Imhof
Schwiizertüütsch –
das Deutsch der Eidgenossen
Schweizerdeutsch ist eigentlich keine Sprache, sondern ein Begriff! Gemeint ist damit die Gesamtheit aller deutsch-sprachigen Dialekte, die in der Schweiz vertreten sind.

Der Kauderwelsch-Sprachführer stellt sowohl die normale Schweizer Umgangssprache vor als auch die „lockere Sprache des Alltags" und ermöglicht so den Zugang zum aktuellen Schweizerdeutsch.

REISE KNOW-HOW Verlag, Bielefeld

REISE KNOW-HOW
das komplette Programm fürs Reisen und Entdecken

Weit über 1000 Reiseführer, Landkarten, Sprachführer und Audio-CDs liefern unverzichtbare Reiseinformationen und faszinierende Urlaubsideen für die ganze Welt – *professionell, aktuell und unabhängig*

Reiseführer: komplette praktische Reisehandbücher für fast alle touristisch interessanten Länder und Gebiete **CityGuides:** umfassende, informative Führer durch die schönsten Metropolen **CityTrip:** kompakte Stadtführer für den individuellen Kurztrip **world mapping project:** moderne, aktuelle Landkarten für die ganze Welt **Edition Reise Know-How:** außergewöhnliche Geschichten, Reportagen und Abenteuerberichte **Kauderwelsch:** die umfangreichste Sprachführerreihe der Welt **Kauderwelsch digital:** die Sprachführer als eBook mit Sprachausgabe **KulturSchock:** fundierte Kulturführer geben Orientierungshilfen im fremden Alltag **PANORAMA:** erstklassige Bildbände über spannende Regionen und fremde Kulturen **PRAXIS:** kompakte Ratgeber zu Sachfragen rund ums Thema Reisen **Rad & Bike:** praktische Infos für Radurlauber und packende Berichte von extremen Touren **sound)))trip:** Musik-CDs mit aktueller Musik eines Landes oder einer Region **Wanderführer:** umfassende Begleiter durch die schönsten europäischen Wanderregionen **Wohnmobil-TourGuides:** die speziellen Bordbücher für Wohnmobilisten

Erhältlich in jeder Buchhandlung und unter www.reise-know-how.de

www.reise-know-how.de

Unser Kundenservice auf einen Blick:

Vielfältige Suchoptionen, einfache Bedienung

Alle Neuerscheinungen auf einen Blick

Schnelle Info über Erscheinungstermine

Zusatzinfos und Latest News nach Redaktionsschluss

Buch-Voransichten, Blättern, Probehören

Shop: immer die aktuellste Auflage direkt ins Haus

Versandkostenfrei ab 10 Euro (in D), schneller Versand

Downloads von Büchern, Landkarten und Sprach-CDs

Newsletter abonnieren, News-Archiv

Die Informations-Plattform für aktive Reisende

REISE Know-How online

Register

A

Aeschenvorstadt 74
Altstadt 60
Altstadtgassen 73
Anreise 100
Antikenmuseum Basel 76
Antiquitäten 27
Aquabasilea 112
Archäologischer Park 91
Architektur 19
Architekturpark 98
Art Basel 12
Arzt 108
Augusta Raurica 90
Ausflüge 87
Aussichtspunkte 62
Ausstellungsraum
  Klingental 22
Autofahren 101
Autoren 127
AVO Session Basel 14

B

Bäcker 25
Bahn 100
Bahnhof SBB 74
Banken 45, 104
Bärenhaut 17
Barfüsserplatz (Barfi) 68
Barrierefreiheit 102
Bars 35
BaselCard 21, 101, 103
Baseldeutsch 49, 113
Baselstab 56
Basel Tattoo 12
Basel Tourismus 105
Baselworld 11
Basilisk 20
Basler Münster 60
Basler Totentanz 69
Beizn, Basler 30
Benutzungshinweise 5
Benzin 101
Birsköpfli 40
Blaues Haus 66
Blues Festival 12
Botanischer Garten
  Brüglingen 82
Botanischer Garten
  der Universität 72
Botschaften 103
Botta, Mario 19
Boutiquen 26
Brücken
  über den Rhein 46
Brunnen 20
Buchhandlungen 27
Bundesfeiertag 13
Bus 117

C

Camping 116
Cartoonmuseum 78
Charakter der Stadt 44
Citybummel 16
Claraplatz 84
Cliquen 63
Confiserien 25

D

Design 97
Diebstahl 109
Diplomatische
  Vertretungen 103
Discos 36
Dreiländereck 89

E

Einkaufen 25
Ein- und Ausreise-
  bestimmungen 103
Elisabethenkirche 76
Em Bebby sy Jazz 13
Essen und Trinken 29
EuroAirport Basel-
  Mulhouse-Freiburg 100
Events 11

F

Fähren 86
Fasnacht, Basler 63
FC Basel 81
Feiertage 13
Festivals 11
Fliegen 100
Flughafen 100
Fondation Beyeler 87
Freie Strasse 68
Fremdenverkehrsamt 104

G

Galerie Beyeler 24
Galerien 24
Gassen, Altstadt 73
Gastronomie 29
Gebrauchtwaren 27
Geld 103
Geldwechsel 104
Gellertpark 40
Geschenkartikel 28
Geschichte 50
Greifengasse 83
Grenzübergänge 100
Grossbasel 60
Guggemusiken 64

H

Hammering Man 19
Hauptbahnhof 74
Haus zum Kirschgarten 76
Herbstwarenmesse 13
Herzog & de Meuron 20
Historisches Museum
  Barfüsserkirche 69
Historisches Museum
  Basel 76

I

Informationsquellen 104
Internet 107
Internettipps 105

Register

J

Jazzfestival off beat 12
Joggeli 80
Jugendherbergen 116
Jugendliche 108

K

Kabarett 39
Kaiseraugst 92
Kanton Basel-Stadt 44
Käppelijoch 83
Kasernenareal 84
Kinder 107
Kino 38
Kleinbasel 83
Klima 118
Klubs 36
Kneipen 35
Konsulate 103
Konzerte 38
Kosten 104
Krankenhaus 108
Kreditkarten 104
Küche, Basler 29
Kulturfloß 13
Kulturzentren 37
Kunst 19
Kunstgalerien 24
Kunsthalle Basel 23
Kunstmesse 12
Kunstmuseum Basel 77
Kunst Raum Riehen 88

L

Lällekönig 56
Lebensmittel 28
Leonhardsberg 71
Leonhardskirche 71
Lesben 111
Literatur 21
Literaturtipps 106
Livemusik 36
Lohnhof 71
Lokale 30

M

Margarethenpark 41
Märkte 28
Marktplatz 68
Martinskirche 66
Medizinische
   Versorgung 108
Mentalität 48
Messestadt 47
Mietwagen 101
Mobility Ticket 118
Mode 26
Morgestraich 63
Muba 11
Mühlen 79
Mühlenmuseum 83
Münster 60
Münsterberg 60
Münsterplatz 61
Münsterschatz 69
Museen 22
Museum der Kulturen 62
Museum
   für Gegenwartskunst 79
Museum
   Kleines Klingental 23
Museum Tinguely 84
Musikhandlung 27
Musikmuseum 71

N

Nadelberg 71
Naturhistorisches
   Museum 66
Notfall 109
Notruf 109

O

Oberrheinischer
   Museumspass 21
Offene Kirche
   Elisabethen 76
Öffnungszeiten 109
OrangeCinema 38

P

Papiermuseum 79
Parken 101
Parks 40
Personenschifffahrt 112
Pfalz 61
Politik 53
Post 110
Preise 104
Preistipps 103
Publikationen 105
Puppenhausmuseum 70

R

Radfahren 110
Radio 107
Rathaus 67
Raucher 37
Regio Basiliensis 55
Reisezeit 118
Restaurants 29
Rhein 46
Rheinbord 84
Rheinbrücke, Mittlere 83
Rheinfähren 86
Rheinhafen
   Kleinhüningen 88
Rheinschwimmen 13
Rheinsprung 66
Römerfest 13, 94
Rundgänge, offizielle 60

S

Saline Schweizerhalle 95
Sammlung Ludwig 76
Sankt-Alban-Vorstadt 78
Schaulager 24
Schuhe 26
Schweizer Franken 103
Schweizerisches
   Architekturmuseum 24
Schwule 111
Shoppingcenter 29
Sicherheit 111

Register

Silberschatz
  von Kaiseraugst 93
Siloturm 62
Silvester 14
Skulpturen 21
Skulpturhalle Basel 24
Solitude Park 41
Souvenirs 28
Spalentor 72
Spalenvorstadt 72
Sperrnummer 109
Sport 111
Sprachhilfe 113
Stadtcasino 70
Stadtgärten 40
Stadtgeschichte 51
Stadthymne 46
Stadtrundfahrt 112
Stadtspaziergang 8
Stadttore 20
Stadttouren 112
St.-Alban-Tor 78
Steinenberg 70
Steinenvorstadt 70
St. Jakob 80
St.-Jakob-Arena 82
St.-Jakob-Park 80
Strafzettel 102
Straßenbahn 117
Strom 112
Summerblues Basel 12
Supermärkte 28
Süßigkeiten 25

T

Talstadt 67
Taxi 118
Telefonieren 113
Telefozellen 113
Tennisturnier 13
Teufelhof 32, 38, 39, 115
Theater 38
Tickets 105
Tiere 103
Tierpark 41
Tinguely, Jean 86
Tourismus 57
Touristeninformation 105
Tram 117
Treffpunkte 35
TV 107

U

Umgebungsziele 87
Umweltschutz 46
Unser Bier 57

V

Vegetarisches 31
Veranstaltungen 11
Verkehrsanschluss 45
Verkehrsmittel 117
Verlagswesen 45
Vignette 100

Villa Merian 82
Vitra Design Museum 97
Vogel Gryff 11
Vorwahl 113

W

Währung 103
Wappen 56
Wassertaxi 118
Wasserturm 62
Wechselkurs 104
Weisses Haus 66
Wetter 118
Wirtschaft 57
Wochenendtrip 8

Z

Zeichenerklärung
  Cityatlas 143
Zeitschriften 106
Zeitungen 105
Zoll 103
Zolli 75
Zoo Basel 75
Zug 100

Die Autoren

Margit Brinke und **Peter Kränzle** sind promovierte Archäologen, die sich 1995 als freiberufliche Journalisten und Buchautoren selbstständig gemacht haben. Seither konnten sie sich durch über 70 Publikationen bei verschiedenen Buchverlagen und durch regelmäßige Mitarbeit bei verschiedenen Zeitungen und Magazinen einen Namen im Reise- und Sportjournalismus machen.

Im REISE KNOW-HOW Verlag liegen von ihnen bereits die Reiseführer „New York City", „San Francisco", „Chicago" und „Kreta" sowie die CityTrip-Bände „Genf", „Toronto", „Athen", „Salzburg", „New York", „Los Angeles" und „New Orleans" vor. Außerdem erschien zur WM 2006 der Band „Fußballstädte Deutschland 2006" und zur EM 2008 der Band „EM-Städte und -Stadien 2008". Besonders während der Recherchen in der Schweiz für letztgenannten Titel wuchs die Liebe zu Basel und seither sind die „Augsburger Schwoobe" immer wieder dorthin zurückgekehrt.

Schreiben Sie uns

Dieser CityTrip-Band ist gespickt mit Adressen, Preisen, Tipps und Infos. Nur vor Ort kann überprüft werden, was noch stimmt, was sich verändert hat, ob Preise gestiegen oder gefallen sind, ob ein Hotel, ein Restaurant immer noch empfehlenswert ist oder nicht mehr usw. Unsere Autoren sind zwar stetig unterwegs und erstellen alle zwei Jahre eine komplette Aktualisierung, aber auf die Mithilfe von Reisenden können sie nicht verzichten.

Darum: Schreiben Sie uns, was sich geändert hat, was besser sein könnte, was gestrichen bzw. ergänzt werden soll. Wenn sich die Infos direkt auf das Buch beziehen, würde die Seitenangabe uns die Arbeit sehr erleichtern. Gut verwertbare Informationen belohnt der Verlag mit einem Sprechführer Ihrer Wahl aus der über 220 Bände umfassenden Reihe „Kauderwelsch".

Bitte schreiben Sie an:
REISE KNOW-HOW Verlag Peter Rump GmbH, Postfach 140666, D-33626 Bielefeld, oder per E-Mail an: info@reise-know-how.de

Danke!

Danksagung

Dieses Buch hätte ohne die Hilfe und Unterstützung von Schweiz Tourismus (Bezirk Bayern) – Angelo Brazerol und Astrid Grimm – sowie von Basel Tourismus nicht entstehen können. Merci vielmals!

Latest News

Unter www.reise-know-how.de werden regelmäßig aktuelle Ergänzungen und Änderungen der Autoren und Leser zum vorliegenden Buch bereitgestellt.
Sie sind auf der Produktseite dieses CityTrip-Titels abrufbar.

Basel, Umgebung
□ Legende Seite 140

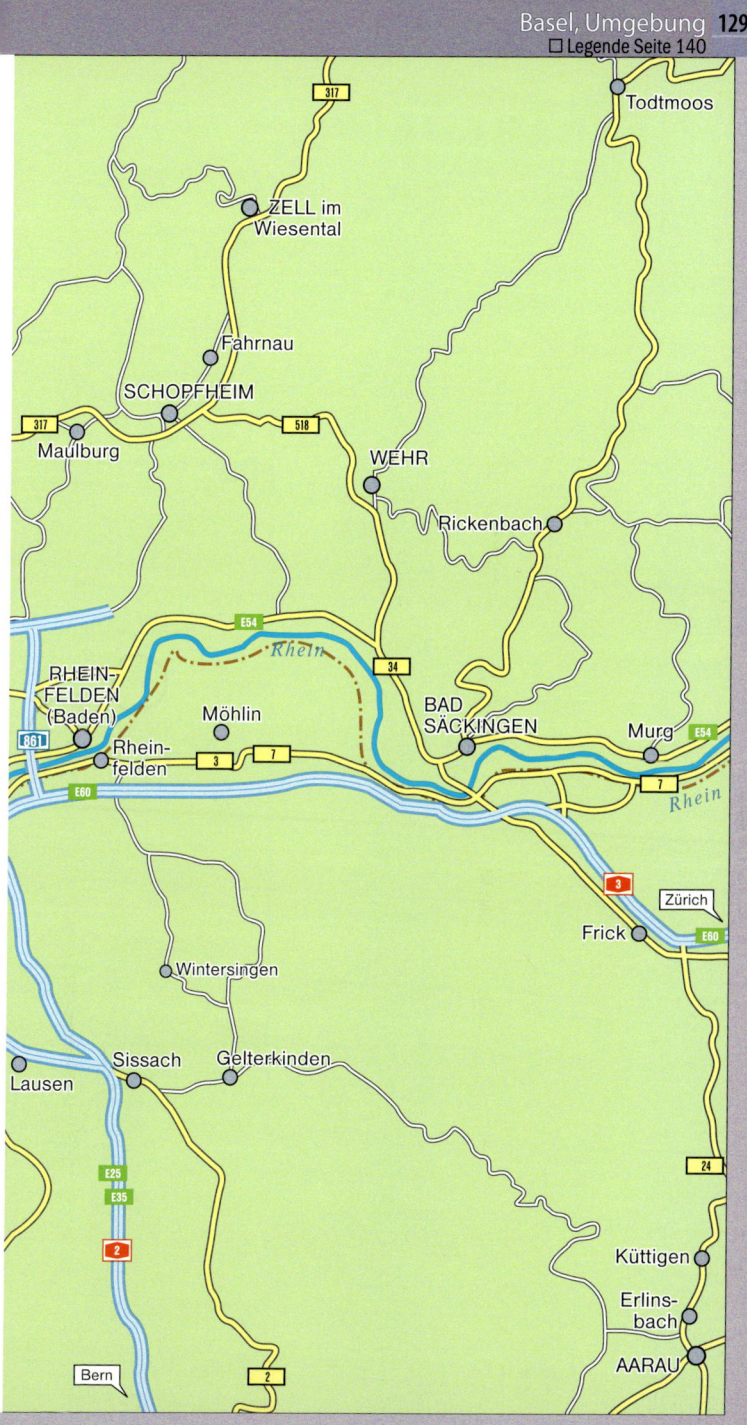

130 Basel, Blattschnitt

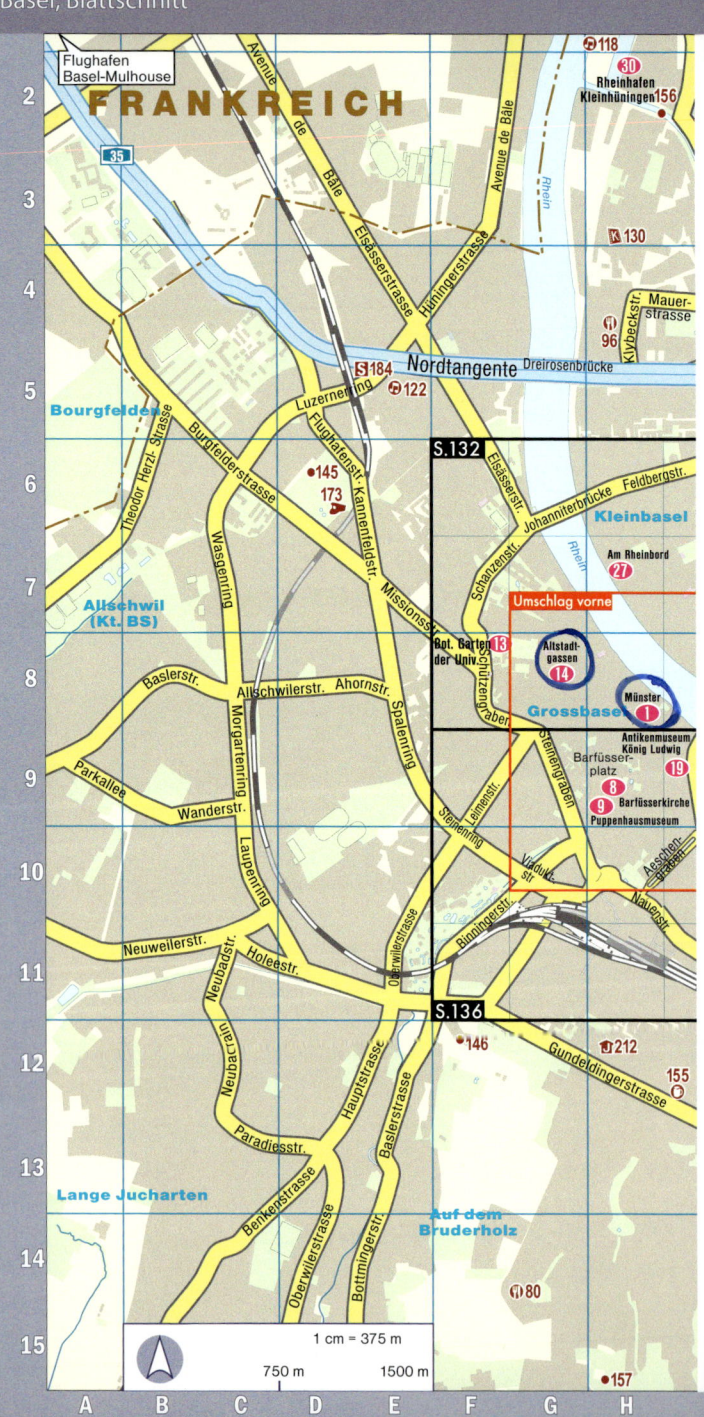

Basel, Blattschnitt 131
☐ Legende Seite 140

Basel, Zentrum 133
☐ Legende Seite 140

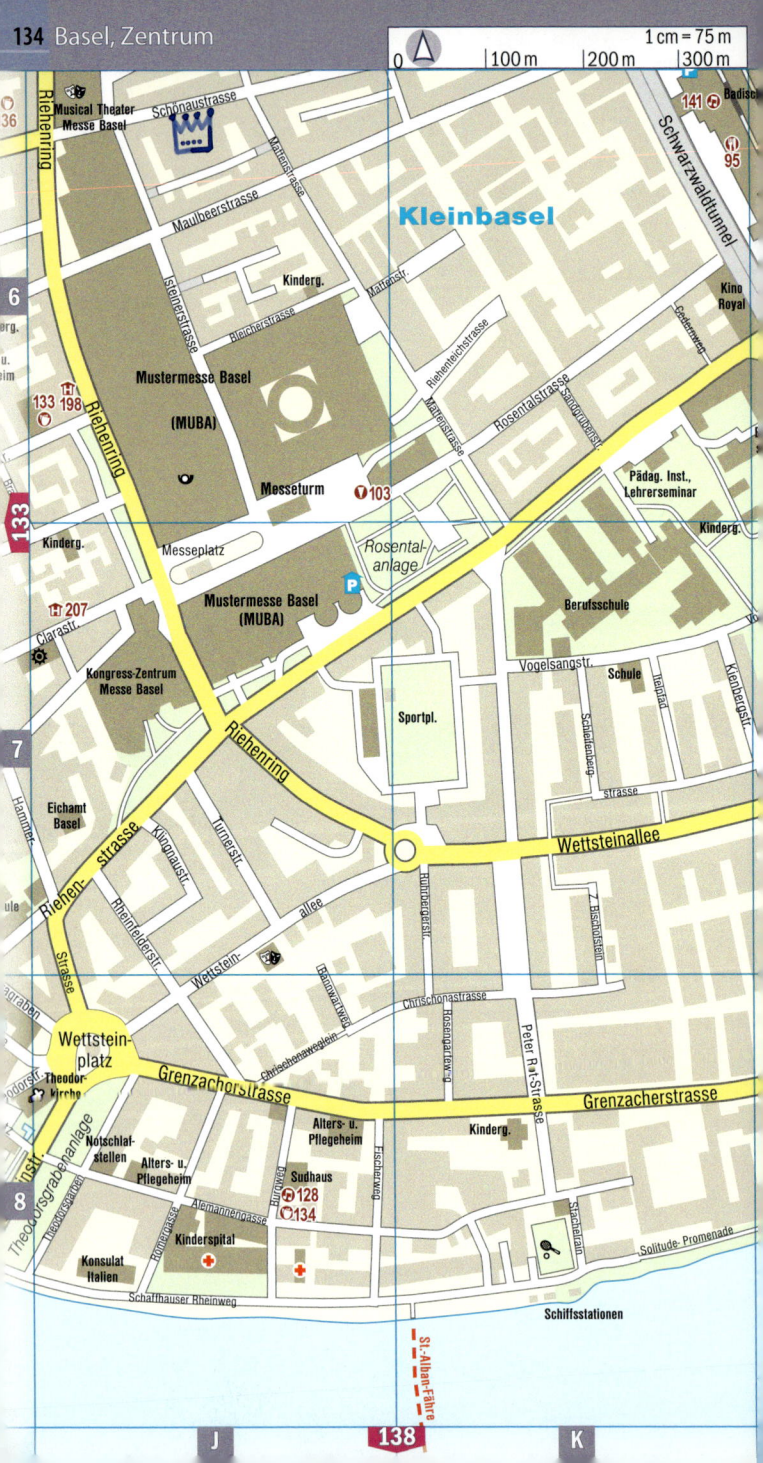

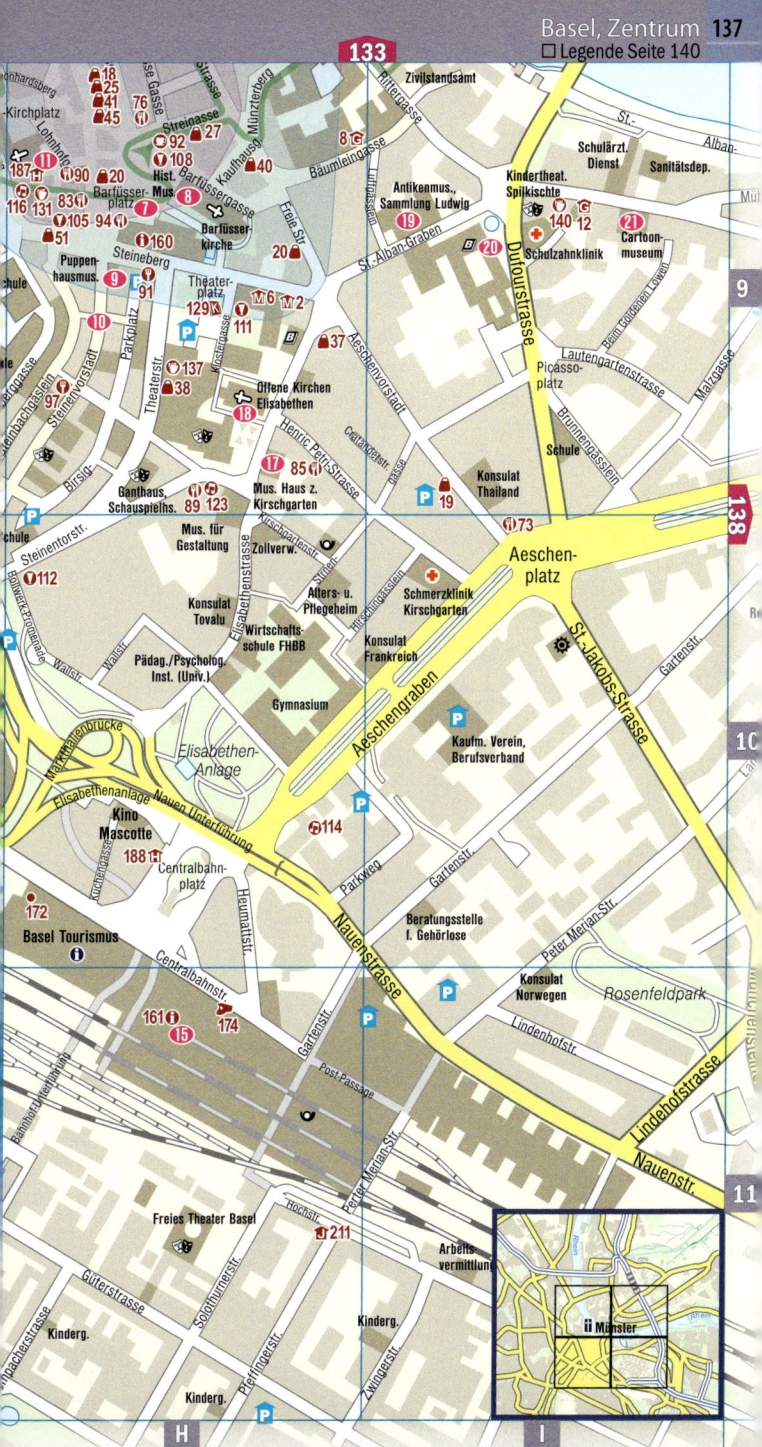

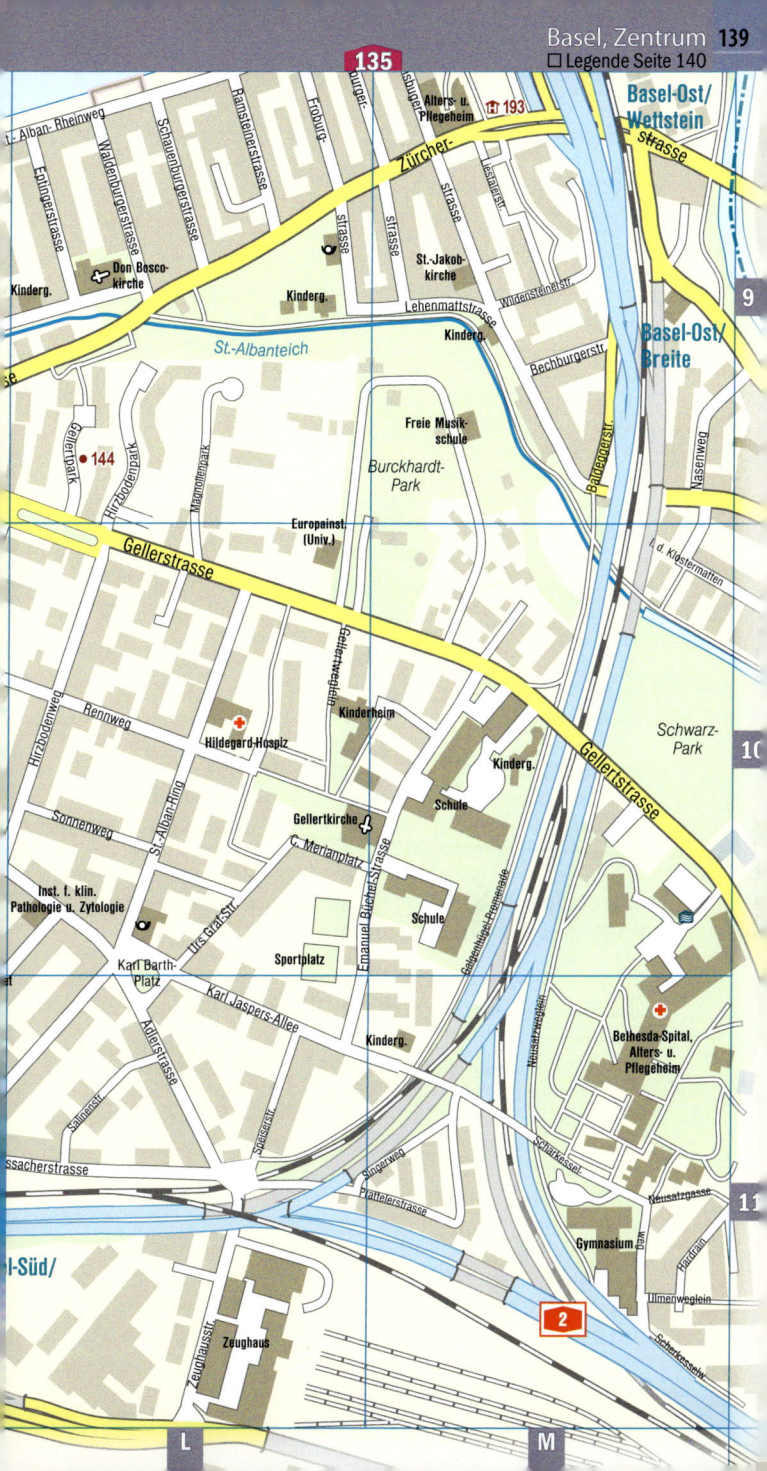

Liste der Karteneinträge

- ❶ [H8] Basler Münster S. 60
- ❷ [H8] Museum der Kulturen S. 62
- ❸ [H8] Naturhistorisches Museum S. 66
- ❹ [H8] Rheinsprung und Martinskirche S. 66
- ❺ [H8] Rathaus S. 67
- ❻ [H8] Marktplatz und Freie Strasse S. 68
- ❼ [H9] Barfüsserplatz S. 68
- ❽ [H9] Historisches Museum – Barfüsserkirche S. 69
- ❾ [H9] Stadt-Casino und Basler Puppenhausmuseum S. 70
- ❿ [H9] Steinenvorstadt und Steinenberg S. 70
- ⓫ [H9] Musikmuseum S. 71
- ⓬ [F8] Spalenvorstadt und Spalentor S. 72
- ⓭ [F8] Botanischer Garten der Universität S. 72
- ⓮ [G8] In den Gassen der Altstadt S. 73
- ⓯ [H11] Bahnhof SBB S. 74
- ⓰ [F10] Zoo Basel – Zolli S. 75
- ⓱ [H9] Historisches Museum Basel – Haus zum Kirschgarten S. 76
- ⓲ [H9] Elisabethenkirche S. 76
- ⓳ [I9] Antikenmuseum Basel und Sammlung Ludwig S. 76
- ⓴ [I9] Kunstmuseum Basel S. 77
- ㉑ [I9] Cartoonmuseum S. 78
- ㉒ [J9] Museum für Gegenwartskunst S. 79
- ㉓ [K9] Basler Papiermuseum S. 79
- ㉔ [N12] St.-Jakob-Park S. 80
- ㉕ [M14] Botanischer Garten in Brüglingen S. 82
- ㉖ [I7] Rheinbrücke und Greifengasse S. 83
- ㉗ [H7] Am Rheinbord S. 84
- ㉘ [L8] Museum Tinguely S. 84
- ㉙ Fondation Beyerler S. 87
- ㉚ [H2] Rheinhafen Kleinhüningen S. 88
- ㉛ Augusta Raurica S. 90
- ㉜ Saline Schweizerhalle S. 95
- ㉝ Vitra Design Museum S. 97

- 🏛1 [H7] Ausstellungsraum Klingental S. 22
- 🏛2 [H9] Kunsthalle Basel S. 23
- 🏛3 [H7] Museum Kleines Klingental S. 23
- 🏛4 [G8] Hoosesaggmuseum S. 23
- 🏛5 [L15] Schaulager S. 24
- 🏛6 [H9] Schweizerisches Architekturmuseum (S AM) S. 24
- 🏛7 [F7] Skulpturhalle Basel S. 24
- 🎁8 [H9] Galerie Beyeler S. 24
- 🎁9 [G8] Galerie Carzaniga Basel S. 24
- 🎁10 [F6] Galerie Tony Wuethrich S. 24
- 🎁11 [L14] Haus für elektronische Künste S. 24
- 🎁12 [I9] Margie L S. 24
- 🎁13 [G8] PEP & No Name S. 24
- 🎁14 [G8] Stampa S. 24
- 🛍15 [G8] Bäckerei Kühner-Gyger S. 25
- 🛍16 [I7] Bäckerei Schneider S. 25
- 🛍17 [G8] Bio Andreas S. 25
- 🛍18 [H9] Confiserie Bachmann S. 25
- 🛍19 [I9, F10] Confiserie Beschle S. 25
- 🛍20 [H9] Confiserie Brändli S. 26
- 🛍21 [G8] Confiserie Bücheli S. 26
- 🛍22 [G8] Confiserie Schiesser S. 26
- 🛍24 [G8] Konditorei Gilgen S. 26
- 🛍25 [H9, H7] Läckerli Huus S. 26
- 🛍26 [G8] Sweet Basel S. 26
- 🛍27 [H9] Geox S. 26
- 🛍28 [H8] Hot Lemon S. 26
- 🛍29 [H7] Kiosk 18 S. 26
- 🛍30 [G8] Kleinbasel S. 27
- 🛍31 [G8] Naked S. 27
- 🛍32 [H8] Navyboot Shop S. 27
- 🛍33 [H6] Riviera S. 27
- 🛍34 [F8] Silvia Freivogel S. 27
- 🛍35 [G8] Theresa Stöcklin S. 27
- 🛍36 [H8] Abraxas Basel S. 27
- 🛍37 [H9] Bider & Tanner S. 27
- 🛍38 [H9] Comix Shop S. 27
- 🛍39 [G8] Libelle mit H&B S. 27
- 🛍40 [H9] Musik Hug S. 27

Anhang
Liste der Karteneinträge

- 🛍41 [H9] Olymp & Hades S. 28
- 🛍42 [H8] Scriptorium S. 28
- 🛍43 [I8] Swiss Drum S. 28
- 🛍44 [F8] Zwischenzeit S. 28
- 🛍45 [H9] Chrüterhüsli S. 28
- 🛍46 [H8] Condomeria S. 28
- 🛍47 [G8] Gschänggli Butygg zem Baselstab S. 28
- 🛍48 [G8] Heimatwerk S. 28
- 🛍49 [F8] Kalebasse S. 28
- 🛍50 [G8] Messerschmiede S. 28
- 🛍51 [H9] Needful Things S. 28
- 🛍52 [H8] Papyrus S. 28
- 🛍53 [G8] Seven Sisters S. 28
- 🛍54 [G8] falstaff im Kultur- und Gasthaus Teufelhof S. 28
- 🛍55 [G8] Glausi's Käse und Feinkost S. 29
- 🛍56 [H8] Globus S. 29
- 🛍57 [G8] Metzgerei Kuhn S. 29
- 🛍58 [H8] Coop City Warenhaus Pfauen S. 29
- 🛍59 [K12] M-Parc Dreispitz S. 29
- 🛍60 [N12] St.-Jakob-Park S. 29
- 🛍61 [I3] Stücki Shopping Basel S. 29
- 🍴62 [H7] Balade S. 30
- 🍴63 [H7] Brauerei Fischerstube S. 30
- 🍴64 [G8] Gifthüttli S. 30
- 🍴65 [G8] Hasenburg S. 30
- 🍴66 [G8] Löwenzorn S. 31
- 🍴67 [H7] Restaurant Brauerzunft S. 31
- 🍴68 [H8] Restaurant Schlüsselzunft S. 31
- 🍴69 [G8] Restaurant zum Schnabel S. 31
- 🍴70 [H8] Safran Zunft S. 31
- 🍴71 [H8] Comino S. 31
- 🍴72 [G8] Kornhaus S. 31
- 🍴73 [I10] Hitzberger S. 31
- 🍴74 [G8] Stadthauscafé S. 32
- 🍴75 [J9] St. Alban-Stübli S. 32
- 🍴76 [H9] Zum Braunen Mutz S. 32
- 🍴77 [H7] Zum schmale Wurf S. 32
- 🍴78 [G8] Bel Etage S. 32
- 🍴79 [J9] Gasthof zum Goldenen Sternen S. 32
- 🍴80 [G14] Restaurant Stucki S. 32
- 🍴81 [G10] Acqua Osteria S. 33
- 🍴82 [G8] Atelier S. 33
- 🍴83 [H9] Bodega zum Strauss S. 33
- 🍴84 [I6] Goldenes Fass S. 33
- 🍴85 [H9] Noohn S. 33
- 🍴86 [G7] Pangea S. 33
- 🍴87 [K9] Restaurant Papiermühle S. 33
- 🍴88 [N12] Restaurant Uno S. 33
- 🍴89 [H9] Atlantis S. 33
- 🍴90 [H9] Brötlibar S. 33
- 🍴91 [H9] City Liner S. 33
- 🍴92 [H9] Grand Café Huguenin S. 33
- 🍴93 [I12] eo ipso S. 34
- 🍴94 [H9] Kohlmanns S. 34
- 🍴95 [K6] Restaurant Les Garçons S. 34
- 🍴96 [H5] Union S. 34
- 🍴97 [H9] VIP S. 34
- 🍴98 [G7] Zur Harmonie S. 34
- 🍴99 [H7] Café Spitz S. 34
- 🍴100 [H7] Restaurant Krafft S. 34
- 🍴101 [H7] Restaurant Rhywyera S. 34
- 🍴102 [H8] Spillmann S. 34
- 🍴103 [J6] Bar Rouge S. 35
- 🍴104 [G8] Bar zum Sperber S. 35
- 🍴105 [H9] Baragraph S. 35
- 🍴106 [I6] Blue Bar S. 35
- 🍴107 [G6] Cargo Bar S. 35
- 🍴108 [H9] Des Art's S. 36
- 🍴109 [H7] Grenzwert S. 36
- 🍴110 [N12] Hattrick Sport-Bar S. 36
- 🍴111 [H9] Kunsthalle Bar S. 36
- 🍴112 [H10] Paddy Reilly's Pub S. 36
- 🍴113 [H7] Parterre S. 36
- 🍴114 [H10] Allegra-Club S. 36
- 🍴115 [G10] Annex S. 36
- 🍴116 [H9] Bird's Eye Jazz Club S. 36
- 🍴117 [F10] Templum Bar S. 36
- 🍴118 [H1] Das Schiff S. 37
- 🍴120 [N13] Musikpark A 2 S. 37
- 🍴121 [H8] Route 66 S. 37
- 🍴122 [E5] Volta-Bar S. 37
- 🍴123 [H9] Atlantis S. 37
- 🍴124 [I8] Hirscheneck S. 37
- 🍴125 [H7] Kaserne Basel S. 37
- 🍴126 [G10] Kuppel S. 38
- 🍴127 [H8] Unternehmen Mitte S. 38

Anhang
Liste der Karteneinträge

- ⊕128 [J8] Werkraum Warteck pp S. 38
- 🎬129 [H9] Stadtkino S. 38
- 🎬130 [H3] Neues Kino S. 38
- ○131 [H9] Baseldytschi Bihni S. 39
- ○132 [G8] Fauteuil-Tabourettli-Kaisersaal S. 39
- ○133 [J6] Häbse-Theater S. 39
- ○134 [J8] Im Sudhaus S. 39
- ○135 [H7] Junges Theater Basel S. 39
- ○136 [I6] Musical Theater Basel S. 39
- ○137 [H9] Theater Basel S. 39
- ○138 [I7] Theater Charivari S. 39
- ○139 [G8] Theater im Teufelhof S. 39
- ○140 [I9] Vorstadttheater Basel S. 39
- ⊕141 [K6] Gare du Nord S. 39
- ⊕142 [H8] Neues Orchester Basel, Martinskirche S. 39
- •143 [M8] Birsköpfli S. 40
- •144 [L9] Gellertpark S. 40
- •145 [D6] Kannenfeldpark S. 41
- •146 [F12] Der Margarethenpark S. 41
- •147 [M15] Park im Grünen S. 41
- •148 [L8] Der Solitude Park S. 41
- •149 [N4] Der Tierpark Lange Erlen S. 41
- ○155 [I12] Brauerei Unser Bier S. 57
- •156 [H2] Siloturm S. 62
- •157 [H15] Wasserturm Bruderholz S. 62
- ⓘ160 [H9] Basel Tourismus im Stadtcasino S. 105
- ⓘ161 [H11] Basel Tourismus im Bahnhof SBB S. 105
- ○162 [G8] Basler Kindertheater S. 108
- ○163 [H8] Basler Marionetten Theater S. 108
- •164 [J11] Sommercasino S. 108
- •165 [F9] oO jugend kultur S. 108
- ⊕167 [G7] Notfallapotheke S. 108
- ⊕168 [G7] Kantonsspital Basel S. 108
- ⊕169 [G9] Dental Care Center Basel S. 109
- ⊕170 [F7] Universitäts-Kinderspital S. 109
- •171 [G7] Fundbüro S. 109
- •172 [H10] Fundbüro S. 109
- 🚓173 [D6] Polizeiwache Kannenfeld S. 109
- 🚓174 [H11] Polizeiposten Bahnhof SBB S. 109
- 🛍175 [I8] Arcados S. 111
- ⓘ176 [I8] Dupf S. 111
- ⓘ177 [I8] Elle et Lui S. 111
- 🛍178 [G7] Frauenbuchhandlung Anne Marie Pfister S. 111
- ⊕179 [G11] Isola Club S. 111
- 🅂181 [M8] Birsköpfli S. 112
- 🅂182 [N12] Gartenbad St. Jakob S. 112
- 🅂183 [L8] Rheinbad Breite S. 112
- 🅂184 [E5] Dampfbad Basel St. Johann S. 112
- 🏨186 [H6] B&B La Vie en Rose S. 114
- 🏨187 [H9] Hotel au Violon S. 114
- 🏨188 [H10] Hotel City Inn S. 114
- 🏨189 [I7] Hotel Rheinfelderhof S. 114
- 🏨190 [G7] Hotel Rochat S. 114
- 🏨191 [G11] IBIS Hotel S. 114
- 🏨192 [F8] Spalenbrunnen S. 115
- 🏨193 [M9] Das Breite Hotel S. 115
- 🏨195 [H7] Hotel Balade S. 115
- 🏨196 [G8] Hotel Basel S. 115
- 🏨197 [H7] Hotel Basilisk S. 115
- 🏨198 [J6] Hotel du Commerce S. 115
- 🏨199 [F8] Hotel Spaltentor S. 115
- 🏨200 [G9] Hotel Steinenschanze Garni S. 115
- 🏨201 [G8] Teufelhof Basel S. 115
- 🏨202 [F8] Hotel Bildungszentrum 21 S. 115
- 🏨203 [H7] Best Western Merian S. 116
- 🏨204 [H7] Grand Hotel Les Trois Rois S. 116
- 🏨205 [G7] Hotel D S. 116
- 🏨206 [H7] Hotel Krafft S. 116
- 🏨207 [J7] Mercure Hotel Europe S. 116
- 🏨208 [I12] basel back pack S. 116
- △210 [J9] Jugendherberge S. 116
- 🏨211 [H11] Jugendherberge S. 117
- 🏨212 [H12] YMCA Hostel Basel S. 117